لنگ، لیڈز پلے ہاؤس کے اشتراک کے ساتھ، پیش کرتا ہے۔

ٹروجن ہارس

مصنفین:
ہیلن مونکس اور میٹ ووڈ ہیڈ
مترجم:
عائشہ مناظر صدیقی

ٹروجن ہارس

مصنفین:
ہیلن مونکس اور میٹ ووڈ ہیڈ
مترجم:
عائشہ مناظر صدیقی

مصنف کے قلم سے

یہ ڈراما حقیقی واقعات پر مبنی ہے مگر اس کے چند کرداروں کے نام تبدیل کیے گئے ہیں۔ اسے بنانے کے لیے لنگ کی طرف سے کیے گئے ۲۰۰ گھنٹے کے دورانیے پر مشتمل انٹرویو، کئی عوامی دستاویزات اور مختلف عدالتی پیشیوں میں حصہ لینے والے لوگوں کے لفظوں کی مدد لی گئی ہے۔ لیکن یہ اُن کی رائے یا منظوری کے ساتھ نہیں لکھی گئی۔

مترجم کے قلم سے

اس ترجمے کی تکمیل میرے استاد ذوالفقار علی سجاد کی مدد کے بغیر ممکن نہ ہوتی، جس کے لیے میں اُن کی شکر گزار ہوں۔ میں سیما مناظر، عبدالمعیز جعفری اور ریحان صدیقی کا اُن کی بے لوث مدد پر شکریہ ادا کرتی ہوں اور جسبیر سنگھ اور کویتا بھانوٹ کا بھی، جو ہمیشہ مجھے سچ کہنے کی ترغیب دیتے ہیں۔

پیش لفظ

برمنگھم کے واقعات کی حقیقت اُن لوگوں کے لیے کبھی بھی ایک جیسی نہیں ہو سکتی جو وہاں پر موجود تھے۔ کچھ لوگوں کے لیے، یہ ایک مقامی مسلم کمیونٹی کی کہانی ہے جو اپنے بچوں کی تعلیم میں اپنا کردار ادا کرنے اور ان کی تعلیم پر فخر کرنے اور وہ طالب علم جو پہلے ناکام رہے تھے کے لیے حقیقی معاشرتی ترقی پیدا کرنے کے لیے سزا بھگت رہے تھے۔ دوسروں کے لیے، یہ قومی میڈیا اور قومی حکومت کی کہانی ہے جو ایک مقامی مسئلے میں گھس گئے جہاں اسکول کے منتظمین اور ہیڈ ٹیچرز متفق نہیں ہو سکے کہ بچوں کو کس طرح تعلیم دی جانی چاہیے۔

لنگ کا ڈراما برمنگھم میں وقوع پذیر ہونے والے واقعات کے پس منظر میں مختلف پہلوؤں کی پیچیدگیوں کی عکاسی کرتا ہے۔ لیکن اس کے ساتھ ساتھ اس بات کا بھی اظہار کرتا ہے کہ ایک حقیقت متفقہ طور پر عیاں ہے: ٹروجن ہارس کے معاملے میں حکومت اسلام مخالف تھی۔

ٹروجن ہارس کے معاملے کو حکومت کی انسدادِ انتہا پسندی کی حکمتِ عملی میں ایک بنیادی نئی سمت کے جواز کے طور پر استعمال کیا گیا ہے۔ لیکن یہ یکبارگی کہانی نہیں ہے بلکہ ثقافت اور ماحول کی علامت تھی جس میں ہم اُس وقت رہ رہے تھے اور اب بھی جی رہے ہیں۔ ایک ماحول جہاں دوسروں کو غیر بنایا جاتا ہے، جہاں یہ سوچا جاتا ہے کہ مسلمان کم تر ہیں، کہ کوئی بھی مسلمان جس کے پاس طاقت نہ ہو، وہ تنہائی کا شکار اور بے بس ہے اور کوئی بھی مسلمان جس کے پاس طاقت ہو، وہ قبضہ کر رہا ہے اور بغاوت کا خطرہ لا رہا ہے۔ بدقسمتی سے یہ حقیقت بہت سے برطانوی مسلمانوں کے لیے روز مرہ کا تجربہ ہے۔

ٹروجن ہارس کے معاملے کا حکومتی پالیسی سازی پر دیرپا اثر پڑا ہے، خصوصاً اُس بحث پر کہ برطانوی اقدار کی تعریف کن بنیادوں پر ہونی چاہیے۔ لیکن

یہ واضح ہے کہ ٹروجن ہارس کی داستان ، جیسا کہ ۲۰۱۴ء میں پیش کیا گیا تھا، کہ بنیاد پرست مسلمان اسکول کے بچوں کی ذہن سازی کر رہے تھے اور اسکول انتہا پسندی میں مبتلا تھے، ہر گز سچ نہیں ہے۔

ایک کے بعد ایک رائے شماری، ایک کے بعد ایک تحقیق اور نفرت انگیز جرائم سے متعلق پولیس کے اعداد و شمار سے پتہ چلتا ہے کہ اسلام مخالف سوچ میں اضافہ ہو رہا ہے۔ اس میں کوئی شک نہیں ہے کہ ٹروجن ہارس سے متعلق کہانیوں نے ان افسوس ناک حالات کی تشکیل میں کردار ادا کیا ہے۔

موجودہ صورتِ حال کو ٹھیک کرنے کے لیے ہمیں ماضی کی حقیقت کو قائم کرنا ہوگا اور اس کا آغاز نام نہاد 'ٹروجن ہارس کے معاملے' میں حکومت کے طرزِ عمل کی مکمل تحقیقات سے ہونا چاہیے۔

ہمیں بیٹھ کر سننا ہوگا، اچھی طرح سے، دل سے، اُن آوازوں کو جو خاموش کر دی گئی ہیں۔ ملزمان، ضمنی اور بے یار و مددگار۔ یہ ڈراما ایک آغاز ہے۔

بیرونیس سعیدہ وارثی

کردار

ایلین

فرح

جیس

راشد

طاہر

اور دوسرے

منظر کشی

اس ڈرامے کی زیادہ تر منظر کشی پارک ویو اسکول اور برمنگھم کے مختلف مقامات پر ہوتی ہے۔

کارکردگی پر نوٹ

ٹروجن ہارس قصہ خوانی کی مختلف تکنیکیں استعمال کرتا ہے، خاص طور پر براہِ راست خطاب اور ماضی کی تصویر کشی۔

پہلا باب

۱۔ فیصلہ

موسم گرما کا تعلیمی دورانیہ، ۲۰۱۶ء۔ نیشنل کالج فار ٹیچنگ اینڈ لیڈرشپ۔

پینل چیئر راشد واصی صاحب، براہِ مہربانی کھڑے ہو جائیے۔

راشد میں ایک دہشت گرد ہوں۔ ایک انتہا پسند۔ میں ٹروجن ہارس ہوں۔ میں اپنا انتہا پسند اسلامی نظریہ پھیلانے کے لیے اسکولوں کے اندر داخل ہوا۔ مجھے آپ کے بچوں کے قریب نہیں ہونا چاہیے۔ مجھے اپنے اسکولوں کے دروازے سے اندر داخل نہ ہونے دیں۔ بڑا برا مسلمان مرد پھوں پھاں کرے گا اور آپ کے اسکولوں کو اڑا دے گا۔

۲۔ اسکول کا راستہ

موسم خزاں کا تعلیمی دورانیہ، ۲۰۱۳ء۔ فرح کا گھر

فرح کی ماں فرح، تم دیر کر رہی ہو۔

فرح ٹھیک ہے ماں، جا رہی ہوں، جا رہی ہوں۔

ساتویں جماعت کا پہلا دن۔ میں اپنے والدین کے کمرے میں گئی اور بولی: 'میں حجاب پہن کے اسکول جاؤں گی۔' ابا نے کہا: 'اور کیا؟ سوال ہی پیدا نہیں ہوتا کہ تم نہ پہنو۔' یک دم میرا حجاب پہننے سے دل بھر گیا۔

جب میں دسویں جماعت میں پہنچی تو یہ میرا معمول بن چکا تھا۔ میں حجاب پہن کر گھر سے نکلتی۔ پھر جب میں اسکول کے گیٹ پر پہنچتی، میں اسے اتار دیتی اور وہ حجاب واپس گھر جانے تک میرے بستے میں رہتا۔

فرح کی ماں داخل ہوتی ہے۔

فرح کی ماں تم نے ناشتہ کیا؟

فرح		مجھے بھوک نہیں ہے۔

فرح کی ماں		یہ کھالو۔

فرح کی ماں جاتی ہے۔

فرح		میرا اسکول اتنا گھٹیا ہوتا تھا کہ اس پر دستاویزی فلمیں بنتی تھیں۔ جب میرے والدین وہاں پڑھتے تھے، پارک ویو صرف برمنگھم کا نہیں، پورے ملک کا سب سے بدترین اسکول سمجھا جاتا تھا۔ وہ سال جب میرے ماں باپ وہاں سے نکلے، صرف ایک طالب علم نے GCSEs پاس کیا تھا۔ ایک۔

جب میں وہاں پہنچی، اسکول مکمل طور پر تبدیل ہو چکا تھا۔

فرح کی ماں		جلدی کرو۔

فرح		میں نے کہا نا! جا رہی ہوں۔

فرح چلی جاتی ہے۔ وہ ایلم راک روڈ پر چل رہی ہے۔

سچی بات تو یہ ہے کہ پارک ویو
کے بغیر میرا سنبھلنا ناممکن ہوتا۔
میری گھریلو زندگی بہت بری تھی۔
محض دو کمروں کے مکان میں ہم
چھ لوگ رہتے تھے اور ہمارا گھر
کسی طرح بھی ایک خوش حال گھر
نہیں تھا۔ میں اپنے دو چھوٹے
بھائیوں کے ساتھ ایک کمرے میں
رہتی تھی۔ میرے والدین
دوسرے کمرے میں رہتے تھے اور
میرے دادا گھر کے نچلے حصے میں
گدّے پر سوتے تھے۔

جب میں نے پارک ویو میں پڑھنا
شروع کیا، اس وقت میری زندگی
ہچکولے کھا رہی تھی۔ میں سگریٹ
پیتی تھی، چھٹیاں کرتی تھی اور اپنی
حاضری خود لگا لیتی تھی۔ میں ہمیشہ
خطروں میں گھری رہتی تھی۔

واصی صاحب نے مجھے اس جہنم
جیسی زندگی سے باہر نکالا۔ انہوں
نے مجھے جگایا اور پوچھا کہ میرے
اس رویے کی وجہ کیا ہے۔ شاید
یہ بات سننے میں عجیب لگے لیکن
واصی صاحب نے مجھے ایک
بہتر انسان بنایا۔

فرح اسکول کے گیٹ پر پہنچتی ہے۔ رخسانہ، وسیم، حنا اور فیضان اس کا انتظار کر رہے ہوتے ہیں۔

رخسانہ تم سگریٹ لائی؟

فرح میں فرشتہ تو نہیں ہوں۔

فرح رخسانہ کی طرف سگریٹ بڑھاتی ہے جسے وہ قطار میں دوسرے بچوں تک پہنچا دیتی ہے۔ فرح اپنا حجاب اتار دیتی ہے۔

۳۔ ملاقات

موسم خزاں کا تعلیمی دورانیہ، ۲۰۱۳ء۔ برمنگھم سٹی کونسل۔

ایلین تعلیمی پالیسی بالکل تباہ ہوئی ہوئی ہے۔

سیکرٹری ۱ کیا میں آپ کی مدد کر سکتا ہوں؟

ایلین ایلین بکلی۔ میری کونسلر جیس مرفی کے ساتھ ۹ بجے کی ملاقات ہے۔

سیکرٹری ۱ آپ نام یہاں لکھ لیں۔

سیکرٹری ۱ ایلین کو نام کے اندراج کے لیے صفحہ دیتا ہے۔

ایلین اور مار گریٹ تھیچر نے اسے تباہ کیا۔ اُن کی رائے میں معاشرے جیسی کوئی چیز تھی ہی نہیں۔ صرف ایک کاروباری بازار، جس میں ظاہر ہے تعلیم بھی شامل تھی۔ اب اگر تعلیم ایک کاروبار ہے تو خریدار کون ہیں؟ والدین۔ والدین خریدار ہیں۔ اپنی آنکھیں کھولو میگی اور دیکھو تمہارا بازار کیا کرتا ہے جب تمہارے خریدار مشرقی برمنگھم میں کٹر پاکستانی

مسلمان ہوں۔

ایلین نام کے اندراج والا صفحہ سیکرٹری ۱ کو واپس کرتی ہے جو اُسے ایک نام والا بیج دیتا ہے۔

سیکرٹری ۱ میرے ساتھ آیئے۔

ایلین سیکرٹری ۱ کے پیچھے چلتی ہے اور وہ دونوں ایک لفٹ میں سوار ہو جاتے ہیں۔

ایلین کیونکہ فرانس ایک دنیاوی معاشرہ ہے، وہاں ہیڈ ٹیچرز ایک نک چڑے فرانسیسی طریقے سے مسلمان والدین سے کہہ سکتے ہیں، 'سی وو پلے، دفع ہو جاؤ۔' لیکن ادھر برطانیہ میں معاشرے جیسی کوئی چیز ہی نہیں۔ ہم ایک مختلف ثقافتوں، مابعد نسل پرست دنیا میں رہتے ہیں جس میں ہمیں ہر کم بخت کو برداشت کرنا ہے۔ لہٰذا ایک ہیڈ ٹیچر مسلمان والدین سے کیسے کہہ سکتی ہے، 'ایک منٹ ٹھہرو، تمہاری خواہشات حد سے زیادہ ہیں۔'

وہ لفٹ سے نکلتے ہیں۔

سیکرٹری ۱ تشریف رکھیے۔

سیکرٹری ۱ جاتا ہے۔

ایلین

میگی تھیچر کی روح مائیکل گوو کے روپ میں زندہ ہے۔ جب وہ سیکرٹری محکمہ تعلیم بنا تو سب سے پہلی چیز جس کی اُس نے کوشش کی - سخت کوشش - ریاستی اسکولوں کو اکادمی بنانا - اُن کے پہلے دو سال میں آدھے سے زائد ریاستی اسکول اکادمی بن چکے تھے یا بننے کے عمل میں تھے۔

بنیادی طور پر کمیونٹیز کو اکادمی کے ذریعے اپنے اسکولوں کو چلانے کا اختیار ملتا ہے۔ نصاب؟ وہ خود طے کرتے ہیں۔ اساتذہ؟ وہ ہی فیصلہ کرتے ہیں۔ اب اکادمیوں کے ذریعے مسلمان والدین کے

پاس اثر و رسوخ تھا۔ وہ ایک
بڑے پیمانے پر فعال کردار ادا
کرنے کے قابل ہو گئے۔

کئی سخت الفاظ سے لکھے ہوئے ای
میلز کے باوجود میری گو کے
ساتھ ملاقات ممکن نہیں ہو سکی۔
سو میں کونسلر مرفی کو دیکھنے گئی۔

سیکرٹری ۱ جیس کے دفتر میں داخل ہوتا ہے۔

سیکرٹری ۱ کونسلر مرفی، آپ کی ۹ بجے
کی ملاقات پہنچ گئی ہے،
ایلین بکلی۔

سیکرٹری ۱ جاتا ہے۔

جیس ایلین بکلی پہلے سے میری نظروں
میں تھی۔ میرے شروع کرنے
سے پہلے ان کا اپنے پرانے اسکول
کے منتظمین کے ساتھ جھگڑا ہو گیا
تھا اور کونسل نے ان کے واجبات
کے تعین کے لیے بات چیت کی۔

جب انہوں نے ملاقات کی
درخواست کی، میں مقامی سیاست
میں کافی نئی تھی۔ کوئی سوچ بھی
نہیں سکتا تھا کہ میں اپنی نشست
جیت سکتی ہوں۔ سیلی اوک ایک
طالب علم کا علاقہ ہے۔ تو اس
وقت وہاں لب ڈیم زیادہ مضبوط
تھی۔ لیکن پھر نِک کلیگ نے
ٹوریز کو اپنی روح بیچ دی، ٹیوشن
فیس کو تین گنا تک بڑھا دیا اور
میں حادثاتی طور پر بھاری
اکثریت سے جیت گئی۔

ہم نے انتخابی پوسٹر اتارے بھی
نہیں تھے جب البرٹ بور، کونسل
کا رہنما، نے مجھ سے پوچھا کہ کیا
میں بچوں کی خدمات کے شعبے کی
سربراہ بننا چاہتی ہوں۔ میں پچیس
سال کی تھی۔ میں نے سوچا 'چلو،
کیوں نہیں؟ کوشش کر لیتی
ہوں۔'

جب میں نے ملازمت شروع کی تو
گوو کی دہشت کی حکومت کے دو
سال ہو چکے تھے۔ وہ کونسلز سے
کہہ رہے تھے کہ وہ اکادمیوں سے
اپنے سرد مردہ ہاتھ دور لے
جائیں۔ یہ بات زبان زدِ عام
تھی۔ مقامی حکام زوال پذیر ہیں،
اکادمیاں ترقی پذیر ہیں، تم دکان
بند کرلوگے اور ہم آزاد تجارت
کو فروغ دیں گے۔

جب ایلین نے میرے دروازے
پر دستک دی، میں دیانت داری
سے کہہ سکتی ہوں کہ میں نہیں
جانتی تھی کیا ہونے جا رہا ہے۔ کبھی
کبھی میں اس وقت کا سوچتی ہوں
اور مجھے اس طوفان کا یقین نہیں
آتا۔

ایلین جیس کے دفتر میں داخل ہوتی ہے۔

ایلین مجھے وقت دینے کا شکریہ۔

جیس اس کی ضرورت نہیں۔ آپ
کافی لیں گی؟

ایلین نہیں، شکریہ۔

جیس چائے؟

ایلین میں اسے مختصر رکھوں گی۔
برمنگھم میں ایک شدید مسئلہ
ہے۔

جیس ٹھیک ہے۔

ایلین زور آور والدین اور منتظمین
زیادہ سے زیادہ غیر معقول
درخواستیں کر رہے ہیں اور
ہیڈ ٹیچرز کو سمجھ نہیں آ رہا کہ
وہ لکیر کہاں کھینچیں۔

یہ مذہب کے بارے میں ہے۔
بہت سے مسلمان والدین کی
بے حد مخصوص درخواستیں ہیں۔
لڑکیوں اور لڑکوں کے تیراکی

کے الگ الگ اسباق، اسکول
کے دوران اجتماعی عبادت،
کچھ چیزیں جو شاید ٹھیک ہیں
اور دیگر چیزیں مبہم ہیں۔

جیس اچھا۔

ایلین یہ ایلم راک میں شروع ہوا۔
لیکن اب یہ زور آور والدین
اور منتظمین ایک جال بنا رہے
ہیں۔ وہ ایک ساتھ زیادہ
سے زیادہ اسکولوں پر قبضہ
کرنے کی منصوبہ بندی کر رہے
ہیں۔

جیس یہ کافی سنگین الزام ہے۔ اگر ایسا
ہو رہا ہے، تو آفسٹیڈ نے کیوں
نہیں۔

ایلین لیکن یہ ہی تو مسئلہ ہے۔ آفسٹیڈ
کو علم ہی نہیں۔ کیونکہ اگر
آفسٹیڈ نے آپ کو شاندار
اسکول کا درجہ دیا ہوا ہے تو

وہ کتنی بار دیکھنے آئیں گے؟
شاید کبھی نہیں۔

تو اگر اسکول کے منتظمین سمجھ
جائیں کہ کس طرح سے
انگریزی اور ریاضی کے اچھے
نتائج حاصل کریں، تو آفسٹیڈ
انہیں شاندار اسکول کا درجہ
دے دے گا اور انہیں اُن
کے حال پر چھوڑ دے گا۔ اُن
کو کوئی پرواہ نہیں اگر اسکول
میں بچوں کو جہاد کی تعلیم
دی جا رہی ہو یا بم بنانے اور
کلاشنکوف چلانے کے طریقے
سکھائے جا رہے ہوں۔ جب
تک اُن کے انگریزی اور
ریاضی کے نتائج اچھے ہیں وہ
خوش ہیں۔

اس سب کا مرکز ایک آدمی
ہے۔ طاہر عالم۔ وہ پارک ویو
ٹرسٹ کے منتظمِ اعلیٰ ہیں۔
اب تین اسکول چلا رہے ہیں۔

پارک ویو، گولڈن ہلوک اور
نیینسن پرائمری۔

جیس میں عالم صاحب کو جانتی ہوں۔
ہم انہیں منتظم کے ٹریز کے
طور پر ملازمت دیتے ہیں۔

ایلین بالکل۔ وہ مہذب دکھائی دیتے
ہیں لیکن خطروں کے آس پاس
ہی رہتے ہیں۔ وہ مسلم برادری
میں ایک طاقتور شخصیت ہیں۔
وہ سب کو جانتے ہیں۔

جیس لگ رہا ہے آپ اس حوالے
سے بہت پر اعتماد ہیں۔

ایلین میں پر اعتماد ہوں کیونکہ یہ
مجھ پر گزرا ہے۔ مجھے پچھلے
اسکول میں نشانہ بنایا گیا تھا
اور اب میرے نئے اسکول
میں بھی یہی ہونا شروع ہو
گیا ہے۔

طاہر عالم نے یہ منصوبہ بنایا
ہے۔ اسکولوں پر قبضہ کرنا۔
اپنے لوگوں کو منتظم بنانا۔
ہیڈ ٹیچر کو نشانہ بنانا، محبوس
کرنا، گردن کسنا، ہزاروں
زخم لگا کر قتل کرنا۔ پھر
جب ہیڈ ٹیچر چلے جائیں،
اپنے آدمیوں کو اندر لے آنا۔
اَب بس تم ہی تماشا چلا رہے
ہو۔

۴۔ اردو

موسم خزاں کا تعلیمی دورانیہ، ۲۰۱۳ء۔ پارک ویو اسکول

راشد — وسیم، آپ نے ہفتے کے آخر
میں کیا کیا؟

وسیم — میں اپنے دوستوں کے ساتھ
فلم دیکھنے گیا۔

فلم بہت عمدہ تھی لیکن اب
میں کافی تھکا ہوا ہوں۔

راشد	زبردست۔ حنا؟
حنا	میں کیڈبری ورلڈ گئی اور وہاں بہت زیادہ چاکلیٹ کھائی جس کے بارے میں مجھے بہت افسوس ہے۔
راشد	مزیدار۔ فرح؟ فرح؟ اب تم دسویں جماعت میں ہو، اب آوارہ گردی کا کوئی وقت نہیں۔
فرح	معاف کیجیے سر، رخسانہ میری توجہ کھینچ رہی تھی۔
رخسانہ	پھر میں نے کیسے سوال سن لیا؟ ہفتے کے آخر میں میں کچھ دوستوں سے ملی۔ ہم پارک گئے، جہاں بہت مزا آیا۔ وہاں، ہم نے منی گالف کھیلا۔
راشد	ٹھیک ہے رخسانہ تمہاری

کوئی غلطی نہیں۔ فرح،
اس کے بعد مجھے ملنا۔

فرح　کیا؟ آپ مذاق کر رہے
ہیں؟

راشد　ٹھیک ہے، اگلا سوال۔
آپ اپنی کتابوں میں
شرطیہ جملے استعمال کرتے
ہوئے اس موضوع پر بات
کریں کہ اگلے ہفتے کے آخر
میں آپ کیا ہونے کی
امید رکھتے ہیں۔ پانچ
منٹ اور پھر ہم اس پر
گفتگو کریں گے۔

آپ کو سچی بات بتاؤں تو میں ہمیشہ
کھوئے ہوئے بچوں کو پہچان سکتا
تھا۔ میں ایلم راک سے کئی گلیاں
دور پلا بڑھا، اور میں وہ ہی بچہ
تھا۔ کھویا ہوا۔

میرے والدین کبھی میرے پاس

نہیں ہوتے، میری امی درزن کا کام
کرتی تھیں اور میرے ابو ٹیکسی
چلاتے تھے، کارخانے میں کام
کرتے تھے، اور چوکیداری کرتے
تھے۔ ہمارا خاندان صرف اتوار کے
دن اکٹھا بیٹھتا تھا۔ امی اور ابو مجھے
اور میرے بھائی سے ہمارا حال
پوچھتے اور ہم جھوٹ بتاتے۔
انہوں نے اپنی پوری کوشش کی
مگر یہ کافی نہیں تھا۔

کوئی پرواہ کرنے والے والدین یا
اساتذہ تھے ہی نہیں۔ بھائی اور
میں بالکل اکیلے تھے۔ ہم اسکول
نہیں جاتے اور مستی کرتے رہتے۔
گھٹیا پرانی گاڑیوں سے کیسٹ پلیئر
چرانے میں ہم بہت ماہر تھے۔
میں نے GCSEs کا امتحان
پاس کئے بغیر گیارھویں جماعت
میں پڑھنا چھوڑ دیا۔ میرا کوئی
مقصد نہیں تھا۔ کار فون ویئر ہاؤس
میں ایک گھٹیا نوکری مل گئی اور
میں نے اِسے ہی اپنی زندگی مان

لیا۔ اسکول نے مجھے کچھ نہیں دیا
تو بدلے میں میں نے اسکول کو بھی
کچھ نہیں دیا۔

اگر میری طاہر عالم سے ملاقات
نہیں ہوتی تو میں ابھی تک کھویا ہوا
ہوتا۔ طاہر کارفون ویئر ہاؤس
میں اپنے معاہدے میں تبدیلی کے
لیے آئے۔ ہم بات چیت کرنے
لگے اور مجھے یاد ہے اُنہوں نے کہا
'تم معاشرے کے لئے کیا کر رہے
ہو؟' اور میں انہیں کوئی جواب نہ
دے سکالہٰذا میں واپس اسکول چلا
گیا۔ لیکن اس بار میں ناکام نہیں
تھا۔

پانچ سال بعد، میں ایک استاد بن
گیا۔ ان پانچ سالوں میں میں نے
اپنی زندگی بالکل تبدیل کر لی۔
زندگی میں پہلی بار میرے سامنے
ایک راستہ کھلا، میرا ایک مقصد
تھا۔ طاہر پارک ویو میں منتظمین
کے سربراہ تھے اور انہوں نے مجھے

وہاں ایک نوکری کے بارے میں
بتایا۔ جب مجھے نوکری ملی، میں
بھی منتظم بن گیا۔ صرف پارک ویو
میں نہیں بلکہ نیلسن پرائمری اور
گولڈن ہلوک میں بھی۔ تبدیلی نیچے
سے نہیں آسکتی۔ میں اوپر تک پہنچنے
کے لئے پر عزم تھا۔

میں اب اپنے بھائی کو دیکھتا ہوں
اور شکر گزار ہوں کہ میں اُس
جیسا نہیں۔ کیونکہ جب آپ کھوئے
ہوئے بچے ہوں توآپ دو میں سے
کسی بھی ایک راستے پر چل سکتے
ہیں۔ آپ کھوئے ہوئے رہ سکتے
ہیں، یا پھر آپ کو منزل مل سکتی
ہے۔

فرح — ختم، واصی صاحب۔

راشد — بہت عمدہ، فرح۔ آیئے اس پر بات کریں۔

۵۔ خط

جیس
میں یہ کبھی کھل کر نہیں کہہ سکتی، لیکن اگر میری ملاقات ایلین بکلی سے نہیں ہوئی ہوتی تو میں اِسے سنجیدگی سے نہ لیتی۔ ہمیں کونسل میں ہمیشہ عجیب سے خط ملتے رہتے تھے۔ گمنام نفرت بھرے خط، کچرادان کے بارے میں لمبی شکایتیں وغیرہ۔

سب لوگ
پہلا قدم۔

فرح
اپنا اسکول چن لو۔

جیس
لیکن ایلین سے میری ملاقات کے ایک ہفتے بعد یہ خط میری میز پر پہنچا، جسے پڑھ کر اُس کی باتیں سچی لگیں۔ لگ رہا تھا کہ وہ برمنگھم کے کسی مسلمان والدین نے بریڈفورڈ کے کسی مسلمان والدین کو بھیجا تھا۔ اُس میں طاہر عالم کے برمنگھم کے اسکولوں پر قبضہ کرنے

کے لیے پانچ اقدامات کے منصوبے
کو بڑھا چڑھا کر پیش کیا گیا تھا۔

سب لوگ	دوسرا قدم۔

وسیم	سلفی والدین کے گروہ کو چن
لو۔

جیس	میں نے ویسٹ مڈ لینڈز پولیس کو
خط دکھایا۔ انہوں نے تحقیقات
کیں اور اس نتیجے پر پہنچے کہ پریشانی
کی کوئی بات نہیں۔

سب لوگ	تیسرا قدم۔

حنا	ان والدین کو اسکول کا انتظام
اپنے ہاتھوں میں لے لینے کے
لئے متحرک کرو۔

جیس	میں نے خط آفسٹیڈ کو دکھایا لیکن
اُن کے خیال میں اس کا مقصد
معاشرے میں تناؤ میں اضافہ کرنا
تھا اور اس حوالے سے تحقیقات

معاملے کو حل کرنے کی بجائے
مسائل میں اضافہ کرتیں۔

سب لوگ چوتھا قدم۔

فیضان ایسے مسلمان ملازمین کی تلاش
کرو جو اسکول میں انتشار
پھیلا دیں۔

جیس میں نے کونسل کے رہنما، البرٹ،
سے بات کی اور ہم نے اس
معاملے کو مزید نہ بڑھانے کا فیصلہ
کیا۔ کسی کو یہ خط اہم نہیں لگا۔

سب لوگ پانچواں قدم۔

فرح ہیڈ ٹیچر کو نکال دو۔

جیس جنہوں نے بھی وہ خط لکھا یقیناً وہ
ہمارے ردِ عمل سے خوش نہیں
تھا۔ خبر پھیلا دی گئی۔ اچانک،
یہ ملک کے ہر اخبار کی شہ سرخی بن
گئی۔

بہت کم وقت میں برمنگھم کے ہر
فرد نے یہ خبر پڑھ لی تھی۔ خط کا
عنوان ؟

سب لوگ ٹروجن ہارس۔

دوسرا باب

ا۔ منتظمین

موسم بہار کا تعلیمی دورانیہ، ۲۰۱۴ء۔ پارک ویو اسکول

صحافی طاہر پر سوالوں کی بوچھاڑ کرتے ہیں، جن میں شامل ہیں: 'عالم صاحب، کیا پارک ویو میں بچے بنیاد پرست بنائے جارہے ہیں؟' 'کیا آپ ان الزامات کی تردید کرتے ہیں؟' 'کیا برمنگھم میں اسکولوں کو اسلامی مدرسے بنانے کا منصوبہ ہے؟' 'عالم صاحب، کیا آپ کا استعفیٰ دینے کا ارادہ ہے؟'

طاہر صحافیوں کے سوالات کا سامنا کرتا ہے۔

طاہر ٹروجن ہارس کا خط دھوکا
ہے۔ اس پر نہ دستخط ہے اور
نہ ہی تاریخ درج ہے اور
اس کے مندرجات ناقابل

اعتماد ہیں۔

ہم پارک ویو میں ان
الزامات اور اپنے بارے
میں پھیلائی جانے والی غلط
فہمیوں کے سبب سکتے میں
ہیں۔

پارک ویو کسی قسم کی انتہا
پسندی کو نہ تو فروغ دیتا ہے
اور نہ ہی برداشت کرتا ہے۔
یہاں مسئلہ بنیاد پرستی یا انتہا
پسندی نہیں بلکہ میڈیا کا سنسنی
خیز ردِ عمل ہے۔

صحافیوں میں سے بہت سی آوازیں اٹھتی ہیں۔ طاہر پارک ویو میں داخل ہوتا ہے۔

جب میں ۱۹۹۶ء میں منتظمین کا
سربراہ منتخب ہوا، میں اسکول
چلانے کے بارے میں کچھ نہیں
جانتا تھا، لیکن میں تبدیلی لانے کے
لیے پُر عزم تھا۔ میں برمنگھم کے
ہر کمیٹی، فورم، نگران پینل اور

نگران بورڈ میں بیٹھا جب تک میں
ماہر نہیں بن گیا۔

راشد داخل ہوتا ہے۔

راشد السلام علیکم۔

طاہر وعلیکم السلام۔

جب میں نے پارک ویو میں کام
شروع کیا تو اساتذہ کو صرف یہ
امید تھی کہ بچے ایک دکان کھولنے
یا ٹیکسی چلانے کے قابل ہو جائیں
گے۔

راشد منتظمین آپ کا انتظار کر رہے
ہیں۔

طاہر میں نے اسکول کو تبدیل کر دیا اور
پارک ویو میں شامل دوسرے
اسکولوں کو بھی۔

راشد ہم ہال میں ہیں۔

راشد جاتا ہے۔

طاہر

پارک ویو، گولڈن ہلوک اور
نیینسن پرائمری کے بچے وہاں سے
نکل کر ڈاکٹر، انجینئر اور وکیل بننے
لگے۔ بچے جن میں پہلے کوئی امید
نہیں تھی اب اعتماد سے بھرپور
تھے۔ اُن کے پاس اچھے نتائج اور
زندگی میں کامیاب ہونے کا موقع
تھا۔

پارک ویو ایک ناکام اسکول سے
ایک شاندار اسکول بن گیا۔ وہ
طالب علم جن کے GCSEs کے
امتحانات میں ریاضی اور
انگریزی کے ساتھ ساتھ دیگر
مضامین میں پانچ *A سے C
گریڈز آتے تھے، اُن کی تعداد
۴٪ سے بڑھ کر ۷۶٪ ہو
گئی۔ ایک اسکول جس میں تقریباً
ہر بچہ مسلمان ہو اور زیادہ تر بچے
اسکول سے مفت کھانا حاصل کرتے

ہوں، اس طرح کی تبدیلی تقریباً
نا ممکن ہے۔

ان اسکولوں کو اتنا شاندار بنانے
میں پندرہ سال لگے۔ اور پھر ایک
سہ پہر میں سب کچھ تباہ ہو گیا۔

طاہر ہال میں داخل ہوتا ہے۔

منتظم ۱ طاہر، تمہیں استعفیٰ دینا پڑے گا۔

منتظم ۲ تمہارا نام ہر جگہ پھیلا ہوا ہے۔

منتظم ۱ ہر اخبار۔

منتظم ۲ ہر ٹی وی چینل۔

منتظم ۱ تمہاری شکل پارک ویو کی تصویر کے ساتھ 'انتہا پسند' 'جہادی' 'بچوں کو گمراہ کرنا' جیسے الفاظ کے ساتھ

پیش کی جا رہی ہے۔

منتظم ۳ یہ تم جیت نہیں سکتے۔

طاہر جب دہائیوں سے یہ اسکول
ناکام بچے پیدا کر رہا تھا تب
کسی کو پرواہ نہ تھی۔ میں
نے جو بھی کیا، کوئی اس کے
بدلے میں مجھے مجرم نہیں
ٹھہرا سکتا۔ میں استعفیٰ نہیں
دوں گا۔

۲۔ نگرانی

موسم بہار کا تعلیمی دورانیہ، ۲۰۱۴ء۔ پارک ویو اسکول

فرح کیمروں کے سامنے سے گزر
کر اسکول پہنچنا بہت گھٹیا
تھا۔ لیکن ٹی وی پر آنا کوئی
نئی بات نہیں تھی۔ چند سال
پہلے کچھ صحافی ہمارے اسکول
کے گیٹ پر پہنچے۔ گورنمنٹ
نے ایلم راک روڈ پر
دہشت گردوں کو ڈھونڈنے

کے لیے CCTV لگا رکھے
تھے۔ جب آپ کیمروں کے
سامنے سے گزرتے وہ آپ کا
پیچھا کرتے۔

ڈراؤنے مسلمانوں کی
تصاویر ذہنوں میں اٹکی ہوئی
ہیں۔ ہر رات خبروں میں،
آپ کی جیب کے فون میں،
آپ کی جلد کے نیچے۔ اگر
آپ ایسی تصاویر دیکھتے رہیں
تو آپ ان پر یقین کرنے
لگیں گے جیسے اگر آپ
بارش میں کھڑے رہیں تو
آپ گیلے ہو جائیں گے۔

رخسانہ یہ کیا بکواس ہے یار؟

فرح وہ ہر جگہ ہیں۔

رخسانہ سنا ہے وہ دروازوں پر
دستک دیتے ہوئے ایلم
راک روڈ پر اوپر نیچے جا

رہے ہیں۔ تم نے دیکھا
کھیل کے میدان کے اوپر ہیلی
کاپٹر نگرانی کر رہے ہیں؟

فرح | وہ کیا ڈھونڈ رہے ہیں؟

رخسانہ | وہ ہمیں دہشت گرد ثابت
کرنے کی کوشش کر رہے
ہیں۔

فرح | کامیاب ہو رہے ہیں۔ کل
میں نے شہر جانے کے لیے
بس پکڑی۔ میں نے اسکول
کا یونی فارم پہنا ہوا تھا اور
سب مجھے گھور رہے تھے۔
جیسے میرے بستے میں کوئی بم
ہو۔

رخسانہ | ہمیں ایلم راک سے نکلنا ہوگا یار۔

فرح اور رخسانہ واصی صاحب کے کمراء جماعت میں داخل ہوتی ہیں۔

فرح | ساتویں جماعت سے میں ایلم راک

سے نکلنے کی جستجو میں تھی۔ میرے
بھائی نے پورے A* کے ساتھ
گیارھویں جماعت پاس کی تھی اور
یونیورسٹی چلا گیا۔ میں یہی چاہتی
تھی۔ GCSEs یہاں سے نکلنے
کے لیے اس کا ٹکٹ تھا۔ اور میں
پرعزم تھی کہ یہ میرا بھی ٹکٹ ہو
گا۔ اسکول کے بعد پڑھائی، چھٹیوں
میں اپنا کام بہتر بنانا۔ جس چیز کی
بھی ضرورت ہوتی وہ میں کرتی۔

میں نے کل رات اپنے والدین
کو بتایا کہ میں یونیورسٹی میں
داخلے کے لیے فارم بھروں
گی۔ ابو نے کہا، 'ہاں بالکل،
اس بارے میں سوال ہی پیدا
نہیں ہوتا کہ تم نہیں بھرو گی۔'
میں نے کہا، 'آپ کو سمجھ نہیں
آیا۔ میں یہاں سے جتنا دور
جا سکتی ہوں، جاؤں گی۔ اور
کبھی واپس نہیں آؤں گی۔'

رخسانہ انہوں نے کیا کہا؟

فرح — وہ پاگل ہو گئے۔ انہوں نے پوچھا کہ کیا کسی لڑکے سے چکر چل رہا ہے۔

رخسانہ — کیا تم نے انہیں بتایا کہ لڑکی سے چکر چل رہا ہے؟

Beat

وسیم، حنا اور فیضان داخل ہوتے ہیں۔

فیضان — آفسٹیڈ آ گئے ہیں!

وسیم — آفسٹیڈ آ گئے ہیں!

حنا — آفسٹیڈ آ گئے ہیں!

فرح — زبردست۔ مجھے معائنے بہت پسند ہیں، یار۔ اساتذہ پاگل ہو جاتے ہیں۔

وسیم — واصی صاحب آگ بگولہ ہو رہے تھے۔ انہوں نے

اسکول کو کھانے کا انتظام
کرنے کا کہا ہے۔

رخسانہ	ارے یار یہ تو بہت برا ہوا۔	
حنا	انہیں کون بتائے گا کہ یہ رمضان کا مہینہ ہے۔	
فرح		اسکول کے باہر نگرانی ایک چیز ہے لیکن اسکول کے اندر تو نا قابلِ برداشت ہے۔ میں نے اس دن ایک معائنہ کار کو واصی صاحب سے انتہا پسندی کے بارے میں بات کرتے ہوئے سنا۔

راشد داخل ہوتا ہے۔

راشد	کیا میں نے آپ کو اپنا کمراء جماعت استعمال کرنے کی اجازت دی؟ آپ اسمبلی کے لیے دیر کر رہے ہیں۔ چلو جاؤ۔

فرح، رخسانہ، وسیم، حنا اور فیضان جاتے ہیں۔

دو سال پہلے، مائیکل وِلشو، آفسٹیڈ کے سربراہ، پارک ویو آئے اور انہوں نے ہمیں شاندار کا درجہ دیا۔ انہوں نے ہماری اسمبلی اور اذان کی تعریف کی۔ بلکہ ایک قومی کانفرنس میں وہ کھڑے ہو کر بولے 'اس ملک میں ہر اسکول کو پارک ویو جیسا ہونا چاہیے۔'

اب وہ واپس آ گئے تھے لیکن سب کچھ بدل چکا تھا۔ معائنہ کاروں کا ایک گروہ اسکول کے کمروں پر چھاپے مار رہا تھا۔ وہ لاکر، کتابیں اور منتظمین کے بیس سال پرانے کاغذات کی تلاشی لے رہے تھے۔ انہوں نے اسکول اُلٹ پلٹ کر رکھ دیا۔

آفسٹیڈ کے پہلے دن کے معائنے

کے بعد مائیکل ولشو مجھے کھینچ کر
ایک خالی کمرے میں لے گئے۔
انہوں نے یکے بعد دیگرے مجھ سے
سوالات پوچھنے شروع کر دیے۔
جیسے ـ

حنا ‘کیا آپ نے نصاب کو مختصر
کیا ہے؟’

راشد اور ـ

وسیم ‘کیا آپ لڑکے اور لڑکیوں کو
علیحدہ رکھتے ہیں؟’

راشد اور ـ

رخسانہ ‘کیا آپ طالب علموں کو نماز
کی ادائیگی پر مجبور کرتے ہیں؟’

راشد اور ـ

فرح ‘اگر کوئی بچہ آپ کے اسکول
میں +LGBT ہو، تو

آپ کیا کریں گے؟'

راشد — اور پھر انہوں نے کہا 'آپ کے امتحانی نتائج دیکھ کر مجھے تسلیم کرنا ہوگا کہ -'

سب لوگ — 'کم از کم وہ اچھے ہیں۔'

راشد — میں غصے سے بے قابو ہوگیا۔ میں نے کہا 'نہیں۔ شاندار ہیں۔'

اگلی صبح، ولسٹو نے کچھ اساتذہ کے ساتھ بات کرنے کا انتظام کیا۔ جب میں وہاں پہنچا، انہوں نے مجھے اندر داخل نہیں ہونے دیا۔ انہیں میرا رویہ جارحانہ لگا۔ اور پتہ ہے کیا؟ اب اس وقت کے بارے میں سوچتے ہوئے مجھے اپنے اس رویے پر فخر ہے۔

میرے سے زیادہ اونچی حیثیت کے لوگ شائستگی اور نرم طبیعت ظاہر کرنے کی کوشش کر رہے تھے۔ وہ سوچ رہے تھے کہ وہ اپنی خوش مزاجی

سے ان لوگوں کو منا سکیں گے۔

سچی بات یہ ہے کہ ہم سب کو غصے کا اظہار کر کے آفسٹیڈ کو باہر نکال دینا چاہیے تھا۔پیشہ ورانہ رویہ بے کار تھا۔مائیکل ولشو وہاں غیر جانب دار نہیں تھے ۔ وہ کھیل کے میدان سے گوو کو فون کر رہے تھے۔

تمام ناکام اکادمیاں مائیکل گوو کی براہ راست اور ذاتی ذمہ داری بن جاتی ہیں۔ وہ منتظمین کو ہٹا سکتے ہیں، ملازمین نکال سکتے ہیں، اسکول تک بند کر سکتے ہیں۔

اسی وجہ سے ولشو نے ہمیں مایوس کیا۔ اس نے پارک ویو ٹرسٹ کو 'خصوصی اقدامات' کے زمرے میں ڈال دیا۔ ہم گریڈ۱ سے گریڈ۴ تک گر گئے۔اور وہ میرے سوال کا جواب نہیں دے سکے۔ اس کے پچھلے معائنے سے اب تک کیا بدل گیا ؟ کوئی نیا ثبوت نہیں، لیکن مکمل طور پر مختلف نتیجہ۔

۳۔ سلیکٹ کمیٹی

موسم بہار کا تعلیمی دورانیہ، ۲۰۱۴ء، ہاؤسز آف پارلیمنٹ۔

جیس: ٹروجن ہارس کا خط ظاہر ہونے کے بعد بہت شور مچا اور بہت الزامات سننے کو ملے۔ سب سے زیادہ غُل مچانے والا ٹیلی گراف کا صحافی اینڈریو گلیگن تھا۔ اور وہ کس کا پکا دوست تھا؟ مائیکل گوو۔

سیکرٹری ا: آپ کی کافی۔

جیس: ہر ہفتے گلیگن ایک نیا مضمون شائع کر رہا تھا۔ ہمیں اس کہانی کو اپنے ہاتھوں میں دوبارہ لینا تھا، اس لیے ہم نے کونسل کے ساتھ ٹروجن ہارس پر تحقیقات کا آغاز کیا۔

ہم نے یہ نہیں سوچا کہ مائیکل گوو تعاون کرنے سے انکار کر دیں گے۔ وہ برمنگھم سٹی کونسل پر بھروسہ نہیں کرتے تھے۔ اس لیے انہوں نے اپنی تحقیقات جاری کر

لی جو پیٹر کلارک چلا رہے تھے۔
اور پیٹر کلارک کس کے پکے
دوست تھے؟ ہاں، بالکل۔ مائیکل
گوو۔

ایک ہی وقت میں دو تحقیقات چل
رہی تھیں جو ایک ہی مسئلے پر تحقیق
کر رہی تھیں۔

سیکرٹری ۲ — یہ لیں، یہ آپ کی آج کی
مصروفیات۔

جیس — مجھے پیٹر کلارک کی قابلیت سے کبھی
کوئی مسئلہ نہیں ہوا ہے۔ وہ بہت
ماہر ہیں، بہت تجربہ کار۔ لیکن وہ
میٹروپولیٹن پولیس میں شعبہء
انسدادِ دہشت گردی کے سربراہ
تھے۔ انہیں یہ ذمہ داری دینا
صاف ظاہر کر رہا تھا کہ مائیکل گوو
کے ذہن میں کیا چل رہا ہے۔

سیکرٹری ۳ — یہ رہے آپ کے کاغذات۔

جیس

میں نے اپنا بہترین سوٹ پہنا،
ہیلری کلنٹن کے بارے میں سوچا،
اور ویسٹ منسٹر کی ٹرین پکڑ لی۔

کافی کے مگ کو احتیاط سے پکڑے
ہوئے میں نے مائیکل گوو سے نرمی
سے کہا، 'دیکھیں، زیادہ سے
زیادہ یہ کچھ جھگڑتے ہوئے منتظمین
اور اساتذہ کے درمیان ایک
مقامی سیاست کا چھوٹا سا معاملہ
ہے۔ اگر آپ ٹروجن ہارس کے
بارے میں بات کرتے ہوئے
'دہشت گردی' اور 'انتہا پسندی'
جیسے الفاظ سے دور رہیں تو بہت
بہتر ہو گا۔'

سیکرٹری ۴ تیار؟

جیس

اور گوو نے کہا 'بالکل۔ میں پوری
طرح متفق ہوں۔' لیکن پھر، اگلے
دن، وہ 'جوہڑ کو خالی کرنا' اور
'اسکولوں کو اسلامی مدرسے بنانے'
کے بارے میں بات کر رہے

تھے۔

سب لوگ کونسلر مرفی۔

MP ۱ آپ کے آنے کا بہت شکریہ۔

جیس اور پھر، جیسے دو تحقیقات کافی نہیں
تھیں، مجھے ایک پارلیمانی سلیکٹ
کمیٹی میں بلایا گیا۔

MP ۱ ہم یہاں برمنگھم کے اسکولوں
میں انتہا پسندی کے بارے
میں بات کرنے کے لیے آئے
ہیں، خاص طور پر پارک ویو
ٹرسٹ کے تین اسکولوں میں۔

جیس خصوصی کمیٹی MPs کا ایک ایسا
پینل ہوتا ہے جو بہت ذاتی اور
کھلے عام آپ کو بتاتے ہیں، اگر
آپ نے معاملہ بگاڑ دیا ہو۔

MP ۲ مخبروں کی طرف سے
الزامات جو میڈیا میں

پھیل رہے ہیں، بہت سنگین
ہیں۔

جیس — لیکن میں نے فیصلہ کیا کہ ہم نے ہر
گز معاملہ نہیں بگاڑا اور میں اس
طرح کی باتوں کو چپ چاپ نہیں
سنوں گی۔

MP ۲ — کیا آپ برمنگھم کے اسکولوں
میں انتہا پسندی کے داخل
ہونے کے الزام کو قبول کرتی
ہیں؟ اور اگر آپ کرتی ہیں،
تو برمنگھم سٹی کونسل کو یہ
پہلے کیوں نظر نہیں آیا؟

جیس — سب سے پہلے میں چاہتی ہوں
کہ ہم سب انتہا پسندی کے معنی
پر متفق ہوں۔ میرے لیے انتہا
پسندی کا مطلب وہ طور طریقے
ہیں جو طالب علموں کو اپنی
مرضی کے خلاف کرنے کے
لیے مجبور کیے جائیں۔ میں ان
اسکولوں میں اس طرح کی چیز

ہونے کا کوئی ثبوت نہیں
دیکھتی۔

MP ۲ مذہبی اسمبلیوں کے تعارف
کے بارے میں آپ کا کیا
خیال ہے؟

جیس اگر آپ کو لگتا ہے کہ مذہب
کو تعلیمی نظام کا حصہ نہیں ہونا
چاہیے، میں آپ سے اتفاق
کرتی ہوں۔ بدقسمتی سے
قانون ایسا نہیں کہتا۔ ۱۹۴۴ء
کی بنیادی قانون سازی کے
مطابق ہر ریاستی اسکول میں
روزانہ اجتماعی عبادت کا ہونا
ضروری ہے، جو واضح طور پر
عیسائی ہو۔ یہ قانون ہے۔

تو ایک ۹۹% مسلمانوں والے
اسکول میں پارک ویو کو
ڈٹرمینیشن ملا، جس کا مطلب
ہے کہ عیسائی اجتماعی عبادت کی
بجائے وہ ایک اسلامی اجتماعی

عبادت کر سکتے ہیں۔

MP۲ لیکن زیادہ تر اسکولوں میں
اجتماعی عبادت روزانہ نہیں
ہوتی۔

جیس پھر زیادہ تر اسکول قانون کو
نظرانداز کررہے ہیں۔ یہ تو
ثبوت ہے کہ پارک ویو کا
سلوک قانونی طور پر زیادہ تر
اسکولوں سے بہتر ہے۔

MP۳ اور آپ اسپیکر کے ذریعے
سنائی دی جانے والی اذان کے
الزام کے بارے میں کیا کہیں
گی؟

جیس یہ اسپیکر کا سسٹم بچوں اور
والدین کی درخواست پر لگایا
گیا تھا۔ یہ ۱۹۹۸ء سے اسکول
میں ہے۔ اس وقت کے بعد
سے آفسٹیڈ نے کئی بار وہاں
کا دورہ کیا ہے اور انہوں

نے ہمیشہ مسلمان بچوں کی
ضروریات پوری کرنے پر
اسکول کی تعریف کی ہے۔

MP ۳ لیکن کیا آپ کو لگتا ہے کہ
اس سے ایک خوف کی فضا
پیدا ہوتی ہے جہاں بچے نماز
پڑھنے کے حوالے سے دباؤ
محسوس کرتے ہیں؟

جیس اگر ایسا ہوتا، تو پھر، آفسٹیڈ
کے مطابق صرف دس فیصد
بچے کیوں دوپہر کی نماز پر
پہنچتے ہیں؟ دس فیصد مجھے
خوف کی فضا نہیں لگتی۔

MP ۴ کیا آپ کے خیال میں لڑکے
اور لڑکیاں پارک ویو میں
ایک دوسرے سے الگ
رکھے جاتے ہیں؟

جیس یہ کسی ٹھوس ثبوت پر مبنی
نہیں ہے۔ لیکن اس الزام کو

میں تسلیم کر بھی لوں، شہر
بھر کے تمام اسکولوں کے تناظر
میں اسے دیکھنا ضروری ہے۔

میری کئی گرائمر اسکول
فاؤنڈیشنز ہیں جہاں لڑکے
اور لڑکیاں مختلف عمارتوں
میں پڑھتے ہیں، جن کے
درمیان سڑکیں اور باڑیں
ہیں، اور وہ مختلف نصاب
پڑھتے ہیں، مختلف اساتذہ
کے ساتھ۔ ہم اس کے
بارے میں پرسکون ہیں۔
لیکن پارک ویو میں ہم
پرسکون نہیں ہیں کیونکہ
یہاں یہ مسلمانوں کا معاملہ
ہے۔

MP

لیکن ان الزامات سے لگ
رہا ہے کہ یہ صرف لڑکیوں
کے کلاس میں ایک طرف
اور لڑکوں کے دوسری
طرف بیٹھنے کا معاملہ نہیں

بلکہ یہاں لڑکیاں پیچھے بیٹھتی ہیں اور لڑکے آگے۔ کیا اس سے یہ ظاہر نہیں ہوتا کہ لڑکیوں کو کم اہمیت دی جا رہی ہے؟

جیس اگر ایسا ہوتا، تو پارک ویو میں ہر سال لڑکیاں لڑکوں سے بہتر نتائج کیسے حاصل کر لیتی ہیں؟

MP ۴ کیا آپ سمجھا سکتی ہیں کہ پارک ویو ٹرسٹ نے کس طرح سے دو اور اسکولوں کو ایک ہی سال میں اختیار کر لیا؟

جیس نیدنسن پرائمری اور گولڈن ہلوک ناکام اسکول تھے۔ محکمہ ء تعلیم (DfE) نے پارک ویو - ایک 'شاندار' اسکول - کو انہیں اختیار کرنے اور بہتر بنانے کی ذمہ داری

دی۔ اکادمی کے نظام میں
معیاری طریقہ کار یہی ہے۔
بلکہ DfE نے پارک ویو کو
ایک تیسرے اسکول،
الفرقان، کو اختیار کرنے کی
بھی درخواست کی۔ پارک
ویو نے انکار کر دیا، اس وجہ
سے کہ الفرقان ایک اسلامی
اسکول ہے جو دین کو نصابی
کامیابی سے زیادہ اہم سمجھتا
ہے۔

سب لوگ کونسلر مرفی۔

MP۱ آپ کے آج کے بیان کے
مطابق پارک ویو میں سب
کچھ ٹھیک ٹھاک ہے۔ اور
وہاں کے اساتذہ اور منتظمین
پر ظلم ہو رہا ہے۔ کیا یہ
درست ہے؟

جیس اگر آپ ایک ہی جملے میں
اس کا خلاصہ چاہتے ہیں، تو

جی نہیں، سب کچھ ٹھیک
ٹھاک نہیں ہے۔ کسی بھی
اسکول میں سب کچھ ٹھیک
ٹھاک نہیں ہوتا۔ لیکن
میرے سامنے انتہا پسندی کا
کوئی بھی ثبوت پیش نہیں
ہوا ہے۔

بہر حال، ہم آفسٹیڈ کی
تحقیقات، کونسل کی تحقیقات
اور پیٹر کلارک کی تحقیقات
کے نتیجے کے انتظار میں ہیں
اور میں ان کے نتائج پر
اثر انداز نہیں ہونا چاہتی
ہوں۔

۴۔ گواہ

موسم گرما کا تعلیمی دورانیہ، ۲۰۱۴ء۔ پیٹر کلارک کا دفتر۔

ایلین دروازے کی گھنٹی بجاتی ہے۔

ایلین

میں نے برمنگھم سٹی کونسل کو
ٹروجن ہارس کے بارے میں

خبردار کرنے کی کوشش کی لیکن کیا
انہوں نے سنا؟ نہیں۔ کیوں؟
کیونکہ وہ نسل پرست سمجھے جانے
سے ڈر رہے تھے۔

میں نسل پرست نہیں ہوں۔ میں
اپنی پوری زندگی ان لوگوں کے
ساتھ رہی ہوں اور ان کے ساتھ
کام کیا ہے۔ حقیقتاً میں اپنے آپ کو
مسلمان بچوں کو پڑھانے میں
ماہر سمجھتی ہوں۔

ایلین گھنٹی بجاتی ہے۔

غلط بات کہنے کا ڈر، نسل پرست
ہونے کا ڈر، کا یہ نتیجہ تھا کہ جب
بھی مسلمان منتظمین اور سربراہ کے
درمیان اختلاف ہوتا تو برمنگھم
سٹی کونسل سربراہ کے واجبات پر
گفتگو کرنے اور انہیں خاموش
رہنے کا حکم دینے کو ہمیشہ تیار
رہتی۔ ایسے سینکڑوں معاہدے
تھے۔ لاتعداد ڈراؤنی کہانیاں عوام

سے چھپی ہوئی۔

ہم برمنگھم کے تمام پاکستانی
مسلمانوں سے یہ تو نہیں کہہ سکتے کہ
تم جیسے بھی چاہتے ہو اپنے تعلیمی
نظام کو چلاؤ۔ کیونکہ اگر آپ کشمیر
کے کسی گاؤں میں جائیں تو آبادی
کا کون سا حصہ اسکول نہیں جاتا
ہے؟ لڑکیاں! تم اُن لوگوں کو
ہمارا تعلیمی نظام چلانے دو گے؟
دفع ہو جاؤ۔

ایلین گھنٹی بجاتی ہے۔

آفسٹیڈ نے اکیس اسکولوں کا انتہا
پسندی کی شکایت پر معائنہ کیا، اور
اُن میں سے ایک میرا تھا۔ آخر
کار گوو نے کسی کو بلایا جو سنے گا،
جو سمجھے گا کہ لکیر کہاں کھینچنی
چاہیے۔

سیکرٹری ۵ ہیلو؟

ایلین	پیٹر کلارک میرا انتظار کر رہے ہیں۔

۵۔ اردو ۲

موسم گرما کا تعلیمی دورانیہ، ۲۰۱۴ء۔ پارک ویو

راشد	چلو، سب لوگ۔ ہمارے مہمانوں کا احترام کریں۔ اُن کے سوالات کے اچھی طرح جواب دیں۔ لیکن اس کے علاوہ ہم ہمیشہ کی طرح کام کریں گے۔
فرح	میں نے تمہیں بتایا تھا کہ تحقیقات اساتذہ کو پاگل کر دیتی ہیں۔
راشد	ہر کوئی اپنا گھر کا کام نکالے اور اپنے ساتھ بیٹھے ہوئے ساتھی سے بدل لے۔ دیکھتے ہیں آپ نے کیسا کیا۔

راشد تختے پر جوابات لکھتے ہیں۔

فرح

جب آفسٹیڈ چلا گیا، میں نے سوچا، بس معاملہ ختم، لیکن معائنہ کار آتے رہے۔ پہلے، ایجوکیشن فنڈنگ ایجینسی، وہ جو بھی تھے۔ پھر، پرائس واٹر ہاؤس کوپر، ایک بہت بڑی اکاؤنٹنسی فرم۔ کاروباری لوگ ہمارے اسکول میں اوپر نیچے آ جا رہے تھے۔

سر، میں بیت الخلا جا سکتی ہوں؟

راشد

نہیں، ابھی تو تم وقفے سے واپس آئی ہو۔

فرح

میرے گورے استاد کو کوئی نہیں دیکھ رہا تھا، لیکن ہر ایک داڑھی والے دیسی استاد کے پیچھے تین معائنہ کار لگے ہوئے تھے۔ اور واصی صاحب کے اردو کے سبق میں یہی ہو رہا تھا۔

سر، مجھے ضروری جانا ہے۔

راشد فرح، میں نے کہہ دیا نہیں۔

فرح ایجوکیشن فنڈنگ ایجنسی سے
ایک معائنہ کار، این کونر تھیں
جنہیں ہم مذاق میں این سمرز کہتے
تھے اور میں نے غلطی سے ایک صبح
انہیں اس نام سے بلا لیا تھا۔ مجھے
بہت شرمندگی ہوئی۔

بہر حال، اردو میں وہ میری میز
کے ساتھ کھڑی ہوئی تھی اور میں
اُن کے کاغذات دیکھ سکتی تھی۔ وہ
گن رہی تھیں کہ کتنی لڑکیوں نے
حجاب پہنا ہوا تھا۔ مجھے بہت بُرا
لگا۔ میرا وہاں سے نکلنا ضروری
ہو گیا تھا۔

سر، مجھے جانا ہے۔ مجھے
ماہواری ہے۔ میرا خیال
ہے کچھ بہہ رہا ہے۔

راشد ٹھیک ہے۔ لیکن جلدی کرو۔

فرح — میں بیت الخلا جا رہی تھی جب میں نے اپنے پیچھے کسی کے قدموں کی چاپ سنی۔ یہ این سمرز تھیں، وہ کمرے سے میرے پیچھے پیچھے آ گئی تھیں۔ انہوں نے کہا۔

این — آپ ایک منٹ رک سکتی ہیں؟

فرح — پھر وہ مجھ سے عجیب سے سوال پوچھنے لگیں، جیسے۔

این — کیا اتنی لمبی پتلون پہننے میں گرمی محسوس نہیں کرتی ہو؟

فرح — اور۔

این — کیا لڑکے اور لڑکیاں الگ بٹھائے جاتے ہیں؟

فرح — اور۔

این — طالبات کو حجاب پہننے پر کون

مجبور کرتا ہے؟

فرح	اور پھر اس لمحے میں غصے سے ابل پڑی اور کہا

میں اسکول پہنچنے پر حجاب اتار دیتی ہوں۔ میرے ابا چاہتے ہیں کہ میں پہنوں، لیکن اساتذہ کو کوئی پرواہ نہیں کیونکہ یہ اسلامی مدرسہ نہیں ہے۔ واصی صاحب ہمیشہ کہتے ہیں کہ فرح، فکر مت کرو۔ میں نہیں بتاؤں گا۔

این	ٹھیک ہے۔

فرح	آپ جیسے لوگ سمجھتے ہیں کہ مسلمان اپنی عورتوں پر ظلم کرتے ہیں۔ آپ نے کبھی اسلام کے بارے میں سیکھا ہے؟

جب حضرت محمد ﷺ سے

کسی نے پوچھا کہ انہیں کس
کا احترام کرنا چاہیے،
آپ ﷺ نے کہا 'سب سے
پہلے تمہاری ماں، پھر تمہاری
ماں، تیسری بار پھر تمہاری
ماں اور چوتھے تمہارے
باپ۔'

این | ٹھیک ہے -

فرح | آپ جانتی ہیں کہ آپ ﷺ
نے اور کیا کہا؟ 'جنت ماں
کے قدموں کے نیچے ہے۔'
اسلام مردوں کو عورتوں کا
احترام کرنا سکھاتا ہے۔

این | حد سے مت بڑھو۔

فرح | پچھلے موسم گرما میں دو
طالب علم NASA کا
دورہ کرنے کے لیے چنے
گئے۔ حرامی NASA۔

این — بس، بہت ہو گیا۔

فرح — وہ دونوں لڑکیاں تھیں۔
ایک نے حجاب پہنا ہوا تھا،
دوسری نے نہیں، اگر آپ
کو اپنے کاغذات میں یہ بھی
لکھنا ہے۔ بس، اگر مجھے آپ
کے اور سوالوں کا سامنا کرنا
پڑا تو میں بیمار ہو جاؤں گی۔
خدا حافظ۔

٦۔ منتظمین ۲

موسم گرما کا تعلیمی دورانیہ، ۲۰۱۴ء۔ پارک ویو اسکول۔

طاہر — ہم جانتے تھے کہ آفسٹیڈ گوو کی
جیب میں تھا لیکن ہم سوچتے تھے
کہ EFA، ایجوکیشن فنڈنگ
ایجنسی، ہمارے ساتھ انصاف
کرے گی۔

راشد — السلام علیکم۔

طاہر — وعلیکم السلام۔

وہ ہمارے واحد مالی مدد کرنے
والے تھے۔ EFA کے بغیر ہم
اپنے ملازمین کو تنخواہ نہیں دے
سکتے، بل ادا نہیں کر سکتے، کچھ
بھی نہیں کر سکتے۔

منتظمین آپ کا انتظار کر رہے
ہیں۔ ہم ہال میں ہیں۔

نتائج اس شام شائع کئے جا رہے
تھے، لہٰذا ہم نے فوراً منتظمین کی
میٹنگ بلائی۔

راشد — ہمیں حقیقت کو سامنے رکھتے
ہوئے سوچنا پڑے گا کہ اگر
نتائج ہمارے حق میں نہ ہوں
تو کیا کریں گے۔

طاہر — ہم لڑیں گے۔ ہم مقدمہ کریں
گے۔

منتظم ۳ — کیسے؟

طاہر ہم ایک پریس کانفرنس کریں گے۔ ہم کھلے عام آفسٹیڈ اور EFA کی تلاشی کو مسترد کر دیں گے۔

منتظم ا میڈیا تمہیں انتہا پسند سمجھتا ہے۔

طاہر میں اپنی ساکھ بچانے کے لیے مکمل کوشش میں ہوں۔

ایلین سین سے پلٹتی ہے اور پیٹر کلارک کو ثبوت دیتی ہے۔

ایلین پیٹر، میں آپ کی رپورٹ میں مدد کرنے کو تیار ہوں۔ لیکن کیا آپ وعدہ کرتے ہیں کہ میرا نام راز رہے گا؟

منتظم ا بہت دیر ہو گئی ہے، طاہر۔

ایلین اور کیا آپ مجھے حفاظت دینے کا وعدہ کرتے ہیں؟

منتظم ۲ | ہم ہمیشہ آپ کے ساتھ کھڑے ہوئے ہیں، لیکن اب ہمیں سچے جواب کی ضرورت ہے۔

منتظم ا | کیا ٹروجن ہارس کا خط اصلی ہے؟

ایلین | خط سب کچھ ثابت کرتا ہے۔

طاہر | نہیں۔

ایلین | یہ منصوبہ بندی کے تحت ہے، یہ پوشیدہ ہے اور یہ منظّم ہے۔

طاہر | یہ خط جعلی ہے۔ دھوکا ہے۔ مائیکل گو نے وزیر تعلیم بننے سے پہلے ایک کتاب لکھی تھی، Celcius 7/7 ۔ اس کتاب میں ایک باب ہے جو ایک بنیادی اسلامی

تحریک کے بارے میں
خبردار کرتا ہے۔ آپ کو
معلوم ہے کہ اس باب کا
نام کیا ہے؟ ٹروجن ہارس۔

ایلین — میرے ساتھ ایسا ہوا تھا۔

طاہر — مائیکل گوو نے اس سازشی
نظریے کو ایجاد کیا۔ حقیقت
یہ ہے کہ کوئی ہماری غلط
تصویر دکھا رہا ہے۔ گوو کے
اپنے بیانات استعمال کرکے
اس کی توجہ حاصل کر رہا ہے۔

ایلین — میں باہر نکالی گئی تھی۔

منتظم ا — لیکن خط میں ایسی چیزیں ہیں
جو ہمیں معلوم ہیں کہ سچ
ہیں۔ برمنگھم میں بہت سے
ہیڈ ٹیچرز نوکری سے نکالے
گئے ہیں۔

طاہر — میں نے اسکول کے ایگزیکٹو

اور سربراہ خود منتخب کیے۔
ایک گوری لا مذہب
خاتون اور ایک سکھ۔
اگر سربراہ کو نکالنے کا کوئی
منصوبہ ہوتا - جس میں میں
مرکز ہوتا - تو پھر وہ دونوں
پندرہ سال سے یہاں کیوں
رہ رہی ہیں؟

ایلین عام طور پر، منتظمین پاگل
سے، معصوم لوگ ہوتے ہیں
اور عجیب بے زبان رضاکار
ہوتے ہیں۔

منتظم ۲ لیکن ان ہیڈ ٹیچرز کے
بارے میں بتایئے جو
دوسرے اسکولوں سے نکالے
گئے ہیں؟ ان منتظمین کے
واسطے جن کی آپ نے تربیت
کی۔

طاہر کبھی کبھار ہیڈ ٹیچرز نا اہل
ہوتے ہیں۔

ایلین	ایک اچھے ہیڈ ٹیچر کو منتظمین سے اپنی بات منوانا آتا ہے۔ آپ تربیت میں یہ سیکھ لیتے ہیں۔ اسکول کی روز مرہ کی ذمہ داریاں منتظمین کے ہاتھ میں نہیں ہونی چاہیے۔
طاہر	جیسے دونوں ، مائیکل ولشا اور مائیکل گوو نے کئی بار کہا ہے: کبھی کبھار ہیڈ ٹیچرز کا امتحان لینا ضروری ہوتا ہے۔
ایلین	لیکن میرے پچھلے اسکول کے منتظمین کا رویہ بدمعاشوں جیسا تھا۔ یقین کریں، پیٹر۔ مجھے اُن پر قابو پانے کا کوئی طریقہ معلوم نہیں تھا۔
طاہر	کبھی کبھار ہیڈ ٹیچرز صرف ایک آسان راستہ چاہتے ہیں۔

ایلین

ہر ہفتے کوئی نہ کوئی دریافت
یا سوال یا شکایت آتی۔
زیادہ تر راشد واصی سے۔
وہ میرے پچھلے اسکول کے
سب سے بلند آواز منتظم تھے۔
اور مجھے یقین ہے کہ انہیں
طاہر عالم یہ سکھا رہے تھے۔

وہ کہتے رہتے 'اعداد و شمار
دیکھو، اعداد و شمار دیکھو'۔
۴۰% بچے پاس ہو رہے
تھے۔ لیکن پھر بھی راشد کہتا
رہا 'یہ نتائج کافی نہیں'۔

طاہر

میں ایک اسکول کے منتظم کو
جانتا ہوں جن کے سربراہ نے
۴۰% طلبا کے پاس ہونے کا
جشن منایا۔ میرا مطلب، یہ
اچھا آغاز تو ہے، لیکن یہ ایسا
لگ رہا تھا کہ وہ سوچ رہی
تھیں 'زبردست! کام ختم۔
چلو، پب چلتے ہیں'۔

مجھے یاد ہے کہ میں سوچ رہا
تھا کہ امتیاز یادہ جشن منانا
مناسب نہیں۔ ۴۰% طلبا
کے پاس ہونے کا مطلب ہے
کہ ۶۰% طلبا فیل ہوئے ہیں۔

ایلین
اس معاشرے میں زیادہ تر
بچے گھر میں انگریزی نہیں
بولتے۔ وہ اُن خاندانوں
سے آتے ہیں جن کی پہلی یا
دوسری نسل برطانیہ میں
رہ رہی ہے۔ ان کے والدین
کو ہمارے تعلیمی نظام کا کوئی
علم نہیں۔ نتائج ایسے ہونے
کی بہت سی وجوہات تھیں۔

طاہر
وہ اکثر خاندانوں اور
معاشروں کو مسئلہ سمجھتیں۔
'خاندان کی طرف سے
تعاون نہیں ہے۔' 'گھر کی
فضا ٹھیک نہیں۔'

سچ یہ ہے کہ جب مسلمان

بچوں کا معاملہ ہوتا ہے،
نااہل ہیڈ ٹیچرز ہمیشہ ایسے
ہی کرتے ہیں۔ خاندانوں کو
مسئلہ سمجھتے ہیں۔ اپنے آپ
کو کبھی مسئلہ نہیں سمجھتے۔

ایلین ایک صبح، ڈھیروں والدین
اور منتظمین اسکول کے گیٹ پر
انتظار کر رہے تھے۔ وہ بینر
اور پلے کارڈ کے ساتھ
کھڑے ہوئے تھے، مجھے
نوکری سے نکالنے کا مطالبہ
کرتے ہوئے۔

مجھے یونس یاد ہے، ایک
گیارہویں جماعت کا بچہ جسے
میں اس کی ساتویں جماعت
کے پہلے دن سے جانتی تھی۔
وہ ایک پلے کارڈ پکڑے کھیل
کے میدان میں کھڑا تھا جس
پر لکھا تھا: 'مسز بکلی مجھے فیل
کر رہی ہیں۔' یہ بہت جارحانہ
اور کھلے عام تھا۔ اور ہاں،

بہت ہی ذاتی۔

طاہر یہ آسان نہیں اور کچھ لوگوں
کو یہ سننا پسند نہیں۔ کسی کو
یہ سننا اچھا نہیں لگتا کہ اُن
کا کام کافی نہیں ہے۔

ایلین احتجاج جمعرات کے روز ہوا ۔

طاہر لیکن ہر سال جس میں ہم
ایک دوسرے سے شائستہ
ہوتے ہیں ۔

ایلین اور اس شام میں اسکول سے
چلی گئی۔

طاہر ایک اور سال ہو جاتا ہے
جس میں ہم اپنے بچوں کا
خیال نہیں رکھ رہے ہیں۔

ایلین اور میں کبھی واپس نہیں گئی۔
اُن کی خواہش پوری ہو گئی۔

طاہر	کیا کچھ منتظمین کا رویہ
بدمعاشوں جیسا ہے؟ بالکل۔
اور یہ ناقابل قبول ہے۔
لیکن میں برمنگھم کے ہر
اسکول کے ہر مسلمان منتظم کا
ذمہ دار نہیں ہوں۔

ایلین	اب میں ایک مختلف اسکول
کی سربراہ ہوں اور پھر سے
یہی ہو رہا ہے۔ اب میں نکل
جانے سے صاف انکار کرتی
ہوں۔

طاہر	میں منتظمین کو ہیڈ ٹیچرز کو
ذمہ دار بنانے کی تربیت
دینے پر معافی نہیں مانگوں گا۔
کیونکہ آخرکار یہ منتظم کی ہی
ذمہ داری ہوتی ہے۔ قانونی
طور پر ہمارا یہ کرنا ضروری
ہے۔

راشد اپنا فون دیکھتا ہے۔

راشد EFA کی رپورٹ آگئی ہے۔
وہ ہماری مالی امداد بند کرنے
کی دھمکی دے رہے ہیں۔

منتظم ۲ کتنا؟

راشد پورا۔

Beat

وہ کہہ رہے ہیں کہ آفسٹیڈ کا
نتیجہ فکرانگیز ہے۔ اور اُن کی
اپنی تحقیقات بھی اسی نتیجے پر
پہنچی ہیں۔

منتظم ۱ ہمیں کچھ کرتے ہوئے نظر
آنا چاہیے۔

منتظم ۲ اگر دوسروں کو نظر آئے کہ
ہم EFA کی تشویش کو
اہمیت دے رہے ہیں، تو
شاید وہ ہماری مالی امداد
نہ روکیں۔

منتظم ۱ تمہیں استعفیٰ دینا ہو گا طاہر۔

منتظم ۲ تمہیں جانا ہو گا۔

منتظم ۳ یہی واحد حل ہے۔

طاہر کیا آپ سب کا یہی خیال ہے؟
راشد؟

Beat

راشد آج تک تم نے جو اسکول کے
لیے کیا ہے بے لوث کیا ہے۔
اب خود غرض نہ بن جاؤ۔

منتظمین صحافی بن جاتے ہیں۔ وہ سوالوں کی بوچھاڑ شروع کر دیتے ہیں۔ 'کیا آپ اب مانیں گے کہ پارک ویو میں کہیں کچھ بہت غلط ہو رہا ہے؟' 'آپ کو بچوں میں اتنی دلچسپی کیوں ہے؟' 'کیا آپ آفسٹیڈ اور EFA کے نتائج کو قبول کرتے ہیں؟' 'کیا آپ استعفیٰ دیں گے، عالم صاحب؟'

طاہر پارک ویو کا عملہ، طلباو
طالبات اور والدین
آفسٹیڈ کی درجہ بندی اور
EFA کے نتائج کو مکمل

طور پر مسترد کرتے ہیں۔
یہ کسی طرح سے ناکام
اسکول نہیں ہے۔

معائنہ کار ہمارے اسکول انتہا
پسندی کی تلاش میں آئے۔
وہ لڑکوں اور لڑکیوں میں
علیحدگی ڈھونڈ رہے تھے اور
اس کا ثبوت کہ مذہب
ہمارے بچوں پر مسلط کیا جا
رہا ہے، ایک اسلامی منصوبے
کے تحت۔ آفسٹیڈ اور
EFA کو اپنی تحقیقات میں
ان باتوں کا کوئی ثبوت نہیں
ملا کیونکہ یہ کسی طرح سے
بھی ہمارے اسکولوں میں
نہیں ہو رہا ہے۔

پارک ویو ٹرسٹ درخواست
دائر کر رہا ہے۔ انہیں اپنی
توجہ مرکوز رکھنے کے لیے
میں منتظم کا عہدہ چھوڑ رہا
ہوں۔ میں اس کے بارے

میں کسی سوال کا جواب نہیں
دوں گا۔

۷۔ دہرائی

موسم گرما کا تعلیمی دورانیہ، ۲۰۱۴ء۔ پارک ویو اسکول۔

فرح — گھر میں زندگی بالکل بکواس تھی۔ میں ہمیشہ اسکول میں خود کو زیادہ مصروف رکھنے کی کوشش کرتی تھی تاکہ میں وہاں زیادہ وقت گزار سکوں۔ پڑھائی کا گروپ، واصی صاحب کے کمراء جماعت کی صفائی میں مدد کرنا، یہاں تک کہ میں کراس کنٹری کلب بھی کر لیتی تھی۔ اور مجھے دوڑنے کا شوق بالکل نہیں تھا۔ میں کوئی بھی بہانہ ڈھونڈتی جس سے مزید ایک گھنٹا اسکول میں رک سکتی۔ لیکن اس وقت سب کچھ رک گیا۔

رخسانہ — فرح؟

فرح — میں نے پہلے کبھی خدا سے اپنے

تعلق پر شک نہیں کیا تھا۔ لیکن ٹروجن ہارس کے بعد میں خود کو الگ محسوس کرنے لگی۔

حنا فرح؟

فرح کھیل کے میدان میں اذان کی آواز بہت پیاری لگتی تھی۔ ہر روز جب وہ شروع ہوتی ہر چیز پر سکون محسوس ہوتی۔ مجھے بے خودی محسوس ہوتی۔

فیضان فرح؟

فرح لیکن اب، جب اذان کی آواز آتی، میں غصے میں آ جاتی۔ وہ مجھے سب کچھ یاد دلاتی۔ وہ بہت زور دار لگتی تھی اور میں چاہتی تھی کہ وہ رک جائے۔

وسیم فرح؟

فرح مجھے اسکول کی ضرورت تھی، مجھے

اپنے ایمان کی ضرورت تھی۔ اور یہ سب میرے ارد گرد تباہ ہو رہا تھا۔ میں خود سے سوال کیئے بنا نہ رہ سکی، کیا میں انتہا پسند بنائی جا رہی ہوں۔

سب لوگ فرح؟

رخسانہ، وسیم، حنا اور فیضان داخل ہوتے ہیں۔

وسیم تم کہاں تھی؟

رخسانہ وسیم تمہیں ہر جگہ ڈھونڈ رہا تھا۔

وسیم تمہیں بعد میں سینما جانا ہے؟

فرح نہیں، شکریہ۔

وسیم بولنگ؟

فرح نہیں۔

حنا میں فارغ ہوں۔

فیضان میں نے تمہیں بتایا تھا اسے کوئی دلچسپی نہیں ہے۔ آؤ چلتے ہیں۔

حنا ہم سٹار سٹی جا سکتے ہیں۔

وسیم، حنا اور فیضان چلے جاتے ہیں۔

رخسانہ کیا تم پورے دوپہر کے کھانے کے دوران یہیں رہو گی؟

فرح میں سبق دہرا رہی ہوں۔

رخسانہ امتحان سے پہلے ایک سال باقی ہے، کتابی کیڑے۔ سہ ماہی کا آخری ہفتہ ہے۔ خود کو کچھ آرام کا موقع دو۔ میں تمہارے لیے یہ لائی ہوں۔

رخسانہ فرح کو ایک چپس کا پیکٹ دیتی ہے۔

رخسانہ کیا تم نے اپنے والدین کو بتایا ہے؟

فرح نہیں۔

رخسانہ تمہیں بتانا چاہیے۔ میری ماں کو سمجھ نہیں آتا لیکن وہ کوشش کر رہی ہیں۔

فرح ہاں لیکن تمہاری ماں مختلف ہے۔ اگر میں نے صفائی نہیں کی ہو تو میرے ابا مجھے تھپڑ مارتے ہیں۔ سوچو کیا ہو گا اگر میں انہیں بتاؤں کہ میں ہم جنس پرست ہوں۔

رخسانہ اگر وہ تم سے پیار کرتے ہیں تو وہ سمجھ جائیں گے۔

Beat

ٹھیک ہے، تم یہاں چھپی رہو۔ میں باہر جا رہی ہوں۔

فرح تم یہاں نہیں رہ سکتی؟
میرے ساتھ؟

رخسانہ فرح کے گال پر بوسہ دیتی ہے اور چلی جاتی ہے۔

میرے ابا کیسے سمجھ سکتے ہیں جب
اس کے لیے کوئی لفظ ہی نہیں ہے۔
قرآن میں gay کے لیے کوئی لفظ
ہی نہیں ہے۔ ہم جنس پرستی کے لیے
ایک ہی لفظ ہے 'سوڈومی'۔
سوڈومی کیا ہے؟ جنسی زیادتی۔ وہ
واحد لفظ جو میری پہچان کرتا
ہے، وہ وہ لفظ ہے جس کا مطلب
تشدد اور شرم ہے۔

مجھے معلوم تھا کہ میرے ابا مجھے
کبھی قبول نہیں کریں گے۔ وہ ہمیشہ
اپنی سوچ کے مطابق اسلام کو مجھ پر
ترجیح دیں گے۔

راشد داخل ہوتا ہے۔

راشد کیا میں نے کہا تھا کہ تم میرا

کمراء جماعت ذاتی کتب خانے
کے طور پر استعمال کر سکتی ہو؟

فرح	معافی چاہتی ہوں سر۔
راشد	تمہارے سوا سب کھیل کے میدان میں ہیں۔ تم اُن کے ساتھ کیوں نہیں ہو؟
فرح	میرے تمام دوست شرارت کر رہے ہیں اور مجھے وسیم کے ساتھ جوڑنے کی کوشش کر رہے ہیں۔ مجھے اس میں کوئی دلچسپی نہیں۔
راشد	ٹھیک ہے۔ میں تمہیں معاف کرتا ہوں۔
فرح	کیا آپ جاننا چاہیں گے کہ مجھے کس میں دلچسپی ہے؟
راشد	یقیناً۔

فرح لڑکیاں۔

سر کسی کو مت بتایئے۔ اگر میرے ابا کو علم ہو جائے تو وہ مجھے مار ڈالیں گے۔

راشد فکر نہ کرو فرح۔ میں نہیں بتاؤں گا۔

۸۔ خبر پھیلتی ہے

موسم گرما کا تعلیمی دورانیہ، ۲۰۱۴ء۔ برمنگھم سٹی کونسل۔

جیمس ڈیوڈ کیمرون نے معاملے کو بگاڑ دیا۔ عام انتخابات قریب تھے اور مائیکل گوو ملک کے سب سے غیر مقبول آدمی تھے۔ ۲۰۱۴ء کی کابینہ کی ردو بدل میں گوو نکالا گیا۔

مجھے پتہ چلا کہ جب وہ آخری بار اپنے دفتر سے نکلے، ان کے بازو میں کچھ تھا۔ پیٹر کلارک کا بیان رازدارانہ ہونا چاہیے تھا۔ لیکن گوو کے نکلنے کے بعد اخباروں میں

کیا چھپا ہوا تھا؟

میں ایک مکمل کونسل کی میٹنگ
سے نکل رہی تھی جب مجھے 'گوگل
الرٹ' ملا اور مجھے یقین نہیں آ رہا
تھا کہ میں کیا دیکھ رہی تھی۔

فرح

'اس کا صاف ثبوت ہے کہ
پارک ویو ٹرسٹ میں بچے
سنی اسلام کے ایک سخت گیر
راستے پر چلنے کے لیے مجبور
کئے جا رہے ہیں۔'

جیس

کلارک کے تمام نتائج، ایک کے بعد
ایک، سب کے پڑھنے کے لیے
موجود تھے۔

فرح

'بچوں کو بنیاد پرست بنائے
جانے کا سخت خطرہ منڈلا رہا
ہے۔'

جیس

میں اپنے دفتر میں گئی اور دروازہ
بند کر لیا۔

فیضان ’پارک ویو ٹرسٹ ایک مرکز
بن گیا ہے جہاں انتہا پسند
رویے اور کردار برمنگھم
کے دوسرے اسکولوں میں
پھیلائے جا رہے ہیں۔‘

جیس مجھے یہ کیسے دکھائی نہیں دیا؟

حنا ’برمنگھم سٹی کونسل اس
معاملے کو صحیح طرح سمجھ
نہیں سکا۔ انہوں نے بہت
سے ہیڈ ٹیچرز کے واجبات
کے بارے میں مذاکرات کیے
لیکن انہوں نے ہر سلسلے کو
الگ سے دیکھا۔ وہ پوری کہانی
دیکھنے میں ناکام رہا۔‘

جیس کلارک رپورٹ ٹروجن ہارس کی
تہہ تک نہیں پہنچا۔ اس نے ہمیں
بے شمار سفارشات اور ساخت
میں لا تعداد تبدیلیاں دیں، لیکن
اُس نے بنیادی سوال کا جواب نہیں

دیا۔ مسلمانوں کے لیے ایک
قانون اور دیگر سب کے لیے
دوسرا کیوں ہے؟

وسیم

'نتائج صاف کہتے ہیں کہ
اساتذہ اور منتظمین نے
منصوبہ بندی سے مل کر
برمنگھم کے اسکولوں میں
تنگ نظر اور جارحانہ نظریے
کے پھیلاؤ کا آغاز کیا۔'

جیس

پیچھے نظر دوڑاتے ہوئے، کاش
کونسل کلارک رپورٹ کو مسترد
کر دیتی۔ لیکن جتنا بھی برا ہمارے
ساتھ ہوا، جتنا بھی میں الزامات
اور شہ سرخیوں پر شک کرتی تھی،
مجھے لگا کہ مجھے یقین کرنا ہوگا کہ
رپورٹ کے نتائج اصلی ہیں۔ مجھے
نظام پر یقین کرنا تھا۔ کیونکہ اُس
کے بغیر ہمارے پاس کیا ہے؟

میں نے اسی وقت لکھ لیا
اور سیدھی کونسل کے سربراہ کے

دفتر میں گئی۔ میں نے البرٹ بور
کو اپنا استعفیٰ دے دیا لیکن انہوں
نے مسترد کر دیا۔ انہوں نے مجھے
اس سے کہیں زیادہ بدتر سزا دی۔
انہوں نے مجھے وہاں رہنے اور
معاملے کو حل کرنے پر مجبور کیا۔

راشد

کلارک کا بیان نکلنے کے روز محکمہء
تعلیم پارک ویو آیا اور مجھے
سربراہ کے دفتر میں لایا گیا۔
انہوں نے مجھے بتایا کہ میں معطل
اور زیرِ تفتیش ہوں۔

مجھے اپنا شناختی کارڈ، لیپ ٹاپ
غرض ہر چیز واپس کرنا پڑی۔
انہوں نے مجھے بتایا کہ میں ابھی
تک معاہدے کے مطابق پارک ویو
سے بندھا ہوا ہوں اس لیے میں
میڈیا سے بات نہیں کر سکتا۔
میرے بارے میں کہانیاں بنائی جا
رہی تھیں اور میں اپنا دفاع بھی
نہیں کر سکتا تھا۔

حنا تم نے یہ دیکھا؟

فرح کیا؟

راشد کلارک کے بیان میں میرا اور طاہر کا نام لیا گیا۔

ایک دم سے میں اخبار کی شہ سرخی بن گیا اور تمام صحافی کسی بڑی خبر کی تلاش میں تھے۔ آخر کار اینڈریو گلیگن کے ہاتھ خزانہ لگ گیا۔

حنا واصی صاحب کا بھائی۔ وہ ایک سزا یافتہ دہشت گرد ہے۔

وسیم اُف یار۔

راشد جب میری طاہر عالم سے ملاقات ہوئی تھی میرا بھائی ایک مخصوص گروہ میں شامل تھا۔ ٹروجن ہارس سے دو سال قبل اسے ایلم راک میں اپنی کتابوں کی دکان پر

انتہا پسند ادب تقسیم کرنے کی وجہ سے قانونی سزا ملی تھی۔ یہ ادب 7/7 کے دہشت گردوں کے ہاتھوں میں ملا تھا اور اب یہ میرے خلاف استعمال ہو رہا تھا۔ جیسے دہشت گردی ہمارے خون یا رگوں میں بہہ رہی ہو۔

وسیم ارے، اسے دیکھو۔

فرح اب کیا ہوا؟

راشد پارک ویو برادری ایک واٹس ایپ گروپ کا نام تھا۔

وسیم ذرا دیکھو۔

راشد اسکول کے تقریباً چالیس اساتذہ اس میں شامل تھے اور سچ یہ ہے کہ اس میں زیادہ تر میں ہی لکھتا تھا۔ پیٹر کلارک کو کسی طرح یہ واٹس ایپ گروپ مل گیا اور یہ اس کے بیان کا ایک پورا باب بن

گیا۔ جب بیان عام ہو گیا، وہ
پیغامات بھی عام ہو گئے۔ پیغامات
جو میں نے ایک سال قبل لکھے
تھے۔

رخسانہ	'اس گروپ میں خواتین نہیں ہیں؟ وہ باورچی خانے میں افطاری تیار کر رہی ہوتی ہیں۔ ان کا کردار مردوں کی ہمیشہ خدمت کرنا ہے۔'
فرح	'ہم جنس پرستی عروج پر ہے۔ قیامت کے دن کا اشارہ۔ اللہ ہمیں اسے مٹا دینے کی طاقت دے۔'
راشد	جب میں اسکول کے گیٹ کے باہر لایا گیا مجھے لگا کہ میں ویرانے میں ہوں۔ میرے طلبا میرے بارے میں کیا سوچ رہے ہوں گے؟

باب ۳

۱۔ اسکول سے بھاگنا

موسم خزاں کا تعلیمی دورانیہ، ۲۰۱۴ء۔ فرح کا گھر۔

فرح کی ماں — فرح تم دیر کر رہی ہو۔

فرح — میری جان چھوڑ دیں ماں!

جب واصی صاحب اور باقی اساتذہ معطل ہو گئے، اسکول بالکل بدل گیا۔ ہر استاد عارضی تھا اور اسباق بے معنی تھے۔ بچے اپنی کرسیوں میں نہیں رہتے۔ ہم کچھ نہیں سیکھ رہے تھے، صرف ہنگامہ مچا رہے تھے۔

فرح کی ماں — ناشتہ کیا؟

فرح — بھوک نہیں ہے۔

فرح کی ماں — یہ کھالو۔

فرح — میں نے کہا نا بھوک نہیں ہے!

وسیم مجھے اکیلے نہیں چھوڑتا۔ وہ
پورے دن اسکول میں میرا پیچھا
کرتا اور ہر رات مجھے اسنیپ
چیٹ بھیجتا۔ ایک بار وہ کھانے
کے وقت وینڈنگ مشین کے پاس
انتظار کر رہا تھا اور جب میں
گزری اس نے مجھے dyke کہا۔ تو
میں نے اسے گردن سے پکڑا اور
اُس کا سر شیشے پر زور سے مارا۔

ٹروجن ہارس سے پہلے میں ایسا کبھی
نہیں کرتی کیونکہ مجھے معلوم ہوتا کہ
میں فوراً سربراہ کے دفتر بھیجی جاتی
اور اسی وقت اسکول سے نکالی
جاتی۔ لیکن میں اس کا سر شیشے پر
مارتی رہی اور کسی نے کچھ نہیں
کہا۔ آخر کار، کھانا دینے والی
عورتوں نے ہمیں الگ کیا اور بس،
کہانی ختم۔

رخسانہ تمہارے پاس سگریٹ ہیں؟

فرح رخسانہ اور میں اسکول سے بھاگنے لگیں۔

رخسانہ تم بات کرنے کے لیے تیار ہو؟

فرح کس کے بارے میں ؟

رخسانہ واصی صاحب ؟

فرح نہیں۔

ہم پارک جاتے، سگریٹ پیتے، کبھی کبھی شراب پیتے اگر ہمیں بوتل میسر ہوتی۔ اور ہم چھٹی کے وقت تک وہاں رہتے۔ اسکول جانے کا ویسے بھی کیا فائدہ تھا جب ہم کچھ نہیں سیکھ رہے تھے۔

۲۔ این کونز

موسم خزاں کا تعلیمی دورانیہ، ۲۰۱۴ء، نیشنل کالج فار ٹیچنگ اینڈ لیڈر شپ۔

راشد میرے معطل ہونے کے

تھوڑی ہی دیر بعد ڈاک آنا
شروع ہو گئی۔ ہر کوئی ایک
الگ خط لاتا اور ہر خط میں
ایک الگ الزام ہوتا۔

پینل چیئر

میں آپ کو یاد دلا رہا ہوں،
محترمہ کونر کہ آپ نے حلف
اٹھا رکھا ہے۔

راشد

اسکولوں کو اسلامی بنانے کی سازش
کرنا، ہم جنس پرستوں کے خلاف
خیالات کی حمایت کرنا، بچوں کو
انتہا پسندی کا شکار بنانا۔ خط بس
آتے رہے۔

این

مجھے سوال سمجھ نہیں آیا۔

راشد

مجھے مقدمے میں سے گزارا گیا۔
نیشنل کالج فار ٹیچنگ اینڈ لیڈرشپ
نے ثبوت کا تجزیہ کرکے فیصلے
پر پہنچنا تھا کہ آیا میں قصوروار تھا
یا نہیں۔

این		کیا آپ سوال کو دوسرے
لفظوں میں پوچھ سکتے ہیں؟

راشد		مجھے نہیں لگا تھا کہ میں این کونز کو
دوبارہ دیکھوں گا۔

بیتھن		بالکل۔

راشد		لیکن وہ اور دوسرے EFA کے
معائنہ کار پہلے لوگ تھے جنہوں نے
میرے خلاف دعویٰ کیا۔

بیتھن		آپ اپنے EFA کے بیان
میں کہتی ہیں کہ جائے نمازیں
اور قرآن کی جلدیں پورے
پارک ویو میں موجود تھیں۔
کیا یہ درست ہے؟

این		جی، یہ درست ہے۔

بیتھن		کیا آپ نے یہ خود دیکھے تھے؟

این		نہیں۔

بیتھن	کیا کوئی دوسرے آفسٹیڈ یا EFA کے معائنہ کار نے اپنے معائنے کے دوران یہ خود دیکھے تھے؟
این	مجھے نہیں معلوم ہے۔ یہ ایک گواہ کے دعویٰ سے معلوم ہوا تھا۔
بیتھن	کون؟
این	میں آپ کو نام نہیں بتاؤں گی۔
بیتھن	کیوں نہیں؟
این	میں کسی کو اجازت کے بغیر اس معاملے میں لانا نہیں چاہتی۔
بیتھن	لیکن آپ کو راشد واصی کا نام پیٹر کلارک کی مکمل

رپورٹ میں شامل کرتے
ہوئے کوئی تکلیف نہیں ہوئی؟
ایک رپورٹ جو پارلیمنٹ
بھیجی گئی اور پوری دنیا کو
دیکھنے کے لئے آن لائن شائع
کی گئی؟

راشد
پیٹر کلارک کو انسداد دہشت گردی کا سربراہ ہونے میں یہ مسئلہ تھا کہ وہ تعلیم کے بارے میں کچھ نہیں جانتے تھے۔ کلارک نے اپنی مکمل تفتیش کے دوران ایک بھی اسکول میں قدم نہیں رکھا۔ انہوں نے ایک تعلیمی مشیر رکھ لیا۔ پتہ ہے کون؟ این کونر۔

بیتھن
جب آپ ان اسکولوں کے
بارے میں بیان کر رہی تھیں،
آپ نے خاص طور پر راہداری
میں اسلامی پوسٹرز کا ذکر کیا۔
آپ نے یہ نہیں بتایا کہ یہ
پوسٹر اسلامک ریلیف کے لئے
تھے، برطانیہ کے سب سے

بڑے رفاہی اداروں میں
سے ایک۔ کیا آپ کو یاد ہے
کہ اُن کے ساتھ کیا لگا ہوا
تھا؟

معائنہ کار ا نہیں۔

بیتھن ان کے ساتھ ضرورت مند
بچوں اور نابیناؤں کے لئے
مددگار کتوں کے پوسٹرز لگے
ہوئے تھے۔ آپ نے اپنی
رپورٹ میں اُن کا ذکر کیوں
نہیں کیا؟

این پیٹر کلارک اور میں پارلیمنٹ
کو اسکول میں اسلامی اثرات
کے بارے میں بتا رہے تھے۔

بیتھن آپ بتا نہیں رہے تھے۔ آپ
ثبوت کو چھپا کر مبالغہ آرائی
سے کام لے رہے تھے۔ کیا
یہ درست ہے؟

معائنہ کارا نہیں۔

راشد این کونزا اور اُن کی ٹیم نے پیٹر کلارک کی رپورٹ میں شامل ثبوت کا ایک بہت بڑا حصہ فراہم کیا۔ جب میرے وکیل نے اُس ثبوت کے بارے میں سوال پوچھے، مقدمہ کمزور ہونے لگا۔

بیتھن آپ یہاں کہتی ہیں کہ پارک ویو نے نصاب کو محدود کر دیا تھا اور بچوں کو جدید برطانیہ میں جینے کے لئے صحیح رہنمائی فراہم نہیں کی۔ آپ نے اس دعوے کی حمایت اس ثبوت سے کی جو شعبہء موسیقی کے دورے میں اکٹھا کیا گیا تھا۔ آپ نے کہا کہ کمراء جماعت میں کوئی موسیقی کے آلات موجود نہیں تھے۔ کیا یہ درست ہے؟

این جی، یہ درست ہے۔

بیتھن کیا آپ نے الماریوں میں دیکھا؟

معائنہ کار ۲ نہیں۔

بیتھن کیا آپ نے ٹیچر سے پوچھا کہ وہ موسیقی کے آلات کہاں رکھتی ہیں؟

معائنہ کار ۲ نہیں۔

بیتھن اگر آپ نے یہ پوچھا ہوتا تو آپ کو وہ الماری دکھائی جاتی جو آلاتِ موسیقی سے بھری ہوئی تھی۔

Beat

محترمہ کونر، میں آپ کی توجہ فولڈر ۴، صفحہ نمبر ۸۷۵ پر لا سکتی ہوں؟ یہاں ایک تصویر ہے جس میں پنک فلائیڈ کے ساتھ گانا گاتے ہوئے

پارک ویو کے بچے نیشنل
ایگزیبیشن سنٹر کے اسٹیج پر
کھڑے ہیں۔ کیا آپ اپنا
دعویٰ اب بھی درست سمجھتی
ہیں کہ یہ اسکول موسیقی میں
شرکت کی اجازت نہیں دیتا
تھا؟

Beat

ایک آخری سوال۔ آپ
کلارک رپورٹ کی تعلیمی
مشیر تھیں، ہے نا؟

این ہاں

بیتھن کیا آپ دستاویز 'مذہبی تعلیم
اور اجتماعی عبادت' سے
واقف ہیں؟

این میں اسے نہیں جانتی۔

بیتھن آپ نہیں جانتیں؟ یہ شعبہء
تعلیم کی موجودہ ہدایات ہیں۔

کیا آپ کو یقین ہے کہ آپ
اس سے واقف نہیں ہیں ؟

Beat

یہ پورا مقدمہ کلارک
رپورٹ کے نتائج پر کھڑا
ہے۔ یہ دستاویز ثابت
کرتی ہے کہ پارک ویو کے
اساتذہ موجودہ ہدایات
کے تحت کام کر رہے تھے،
حکومت کی طرف سے مقرر
کی گئی ہدایات۔

تو کیا میں فرض کر سکتی ہوں
کہ آپ تعلیمی مشیر ہوتے
ہوئے بھی یہ دستاویز پیٹر
کلارک کے علم میں نہیں
لائیں جب وہ پارک ویو
ٹرسٹ کے بارے میں اپنے
خیالات تشکیل دے رہے
تھے ؟

این نہیں۔ میں نہیں لائی۔

بینیتھن شکریہ۔ میرے مزید سوالات
نہیں ہیں۔

راشد میری وکیل نے جنگی جرائم پر کام کیا
تھا اور انہوں نے کہا کہ اُنہوں
نے اِس قدر بدعنوان معاملہ پہلے
کبھی نہیں دیکھا تھا۔ سماعت کے پہلے
دن کے بعد، وہ استغاثہ کے ساتھ
ٹیکسی میں نیو اسٹریٹ اسٹیشن
گئیں۔ میرے مقدمے کے آغاز کی
تاریخ آگے بڑھا دی گئ تھی۔
ٹیکسی میں استغاثہ نے میری وکیل
کو بتایا کہ اِس جلدی کی وجہ یہ تھی
کہ ڈاوئننگ اسٹریٹ نیشنل کالج
فار ٹیچنگ اینڈ لیڈرشپ پر دباوٗ
ڈال رہا تھا۔

ان کو بتایا گیا تھا کہ مقدمہ کو موسم
خزاں کے ٹوری پارٹی کانفرنس سے
پہلے شروع ہونا ہوگا۔ ڈیوڈ
کیمرون اپنی تقریر میں برمنگھم
میں شدت پسندی سے نپٹنے کے

حوالے سے ایک جملہ شامل کرنا
چاہتے تھے۔ وہ کہنا چاہ رہے تھے ۔
دیکھو، مقدمہ شروع ہو گیا ہے، ہم
دہشت گردوں کے بارے میں
کچھ کر رہے ہیں۔

میرے پہلی سماعت کی تیاری کے
لیے ہمارے پاس ۱۶ مہینے ہونے
چاہیے تھے۔ اس کی بجائے ہمارے
پاس ایک تھا۔ مقدمے کی سماعت
کو تین ہفتوں کے دوران لگاتار ہر
روز ہونا چاہیے تھا۔ اس کی بجائے
ڈھائی سال کے دوران وقفے وقفے
سے یہ مقدمہ سنا گیا۔

نوکری نہیں، پیسے نہیں، یہ بنا فیصلے کا
مقدمہ میرے سر پر تلوار کی طرح
لٹکتا رہا۔ یہ میری زندگی کا سیاہ ترین
دور تھا۔ یہ بہت بڑا صدمہ تھا۔
برزخ میں ہونے جیسا تھا۔ وہ جسے
عیسائی پرگٹوری کہتے ہیں۔

۳۔ ایلین بکلی

ایلین	کرسمس کے موقع پر مجھے ایک خط ملا۔ میں مقدمے کی خبروں سے آن لائن آگاہ رہ رہی تھی لیکن خود کو اس سے دور رکھ رہی تھی۔ برمنگھم میں سولہ اساتذہ ٹروجن ہارس کے بارے میں الزامات کا سامنا کر رہے تھے اور میرا اس سے الگ رہنا ضروری تھا۔
پینل چیئر	ہم گواہ X کو بلاتے ہیں۔
ایلین	خط محکمہ تعلیم کے نئے سیکرٹری کی طرف سے تھا اور وہ مجھے مقدمہ میں گواہ کے طور پر آنے کا حکم دے رہا تھے۔ انہوں نے کہا کہ اگر میں آنے پر راضی نہ ہوں تو وہ قانون استعمال کرکے مجھے آنے پر مجبور کریں گے۔
پینل چیئر	برائے مہربانی تشریف لائیے۔

ایلین

خط میں یہ بھی لکھا تھا کہ میری پیٹر
کلارک کے ساتھ گفتگو کی پوری
دستاویز انہی اساتذہ کو دی جائے
گی جن پر میں نے الزامات لگائے
تھے۔ معلوم ہوا کہ پیٹر کلارک کے
پاس مجھے راز میں رکھنے کا کوئی
قانونی اختیار نہیں تھا۔ میرا نام نکالا
جانے والا تھا، میرے الفاظ نکالے
جانے والے تھے، اور اس بارے
میں میں کچھ نہیں کر سکتی۔

میں اپنے ایمان کے مطابق
حلف اٹھاؤں گی۔

مجھے ابھی تک وہ خط کھولنا یاد ہے،
وہ بے ہودہ کاغذ۔ میں سوچ رہی
تھی کہ گورنمنٹ میری حفاظت
کرنے آئی تھی لیکن وہ مجھے دھوکا
دے رہی تھی۔

میں خدا کی قسم کھاتی ہوں
کہ وہ ثبوت جو میں پینل
کو پیش کروں گی وہ سچ ہوگا،

پورا سچ اور سچ کے سوا کچھ
نہیں۔

میں وہاں بالکل نہیں ہونا چاہتی
تھی۔ میرے جسم کا ہر حصہ وہاں
نہیں ہونا چاہتا تھا۔ میں نے کانپتے
ہاتھوں سے اپنا بیان تیار کیا اور
اسے پڑھا۔ پتہ چلا کہ یہ تو آسان
حصہ تھا۔

بیتھن آپ اپنے گواہی بیان میں
تجویز کرتی ہیں کہ میرے
موکل، جو آپ کے پچھلے
اسکول میں منتظم تھے،
سختی کرتے تھے۔ کیا یہ
درست ہے؟

ایلین ہاں یہ درست ہے۔

بیتھن آپ تجویز کرتی ہیں کہ وہ
بہت سے لوگوں میں سے
ایک تھے جنہوں نے اسکولوں
کو اسلامی مدرسے بنانے کا

منصوبہ بنایا تھا۔ کیا یہ درست ہے؟

ایلین ہاں، یہ درست ہے۔

بیتھ ٹھیں محترمہ ابکلی، جب سے آپ تعلیمی شعبے میں کام کر رہی ہیں، کیا بہت سی تبدیلیاں آئی ہیں؟

ایلین ہاں، مجھے ایسا لگتا ہے۔

بیتھ ٹھیں کیا اساتذہ کے کمرے میں گفتگو پہلے جیسی ہے؟

ایلین عام طور پر، نہیں۔

بیتھ ٹھیں کیا وہ تدریسی انداز جو آپ نے ۳۲ سال پہلے سیکھے تھے، بدل چکے ہیں؟

ایلین مجھے لگتا ہے کہ ہاں۔

بیتھن

کیا آپ اتفاق کریں گی کہ وہ
معاشرے جن کی آپ خدمت
کرتی ہیں اپنے بچوں کی تعلیم
کے فیصلوں میں اپنا کردار
چاہتے ہیں؟ ان کے ارد گرد
کی دنیا میں اپنا کردار؟

ایلین

ہاں۔

بیتھن

کوئی انکار نہیں کر رہا کہ
منتظمین بدل رہے ہیں جیسے
وہ سڑکیں بدل رہی ہیں
جہاں آپ کام کرتی ہیں۔
یہ آبادی ہے۔ یہ حقیقت
ہے۔

ہم سب حقائق پر متفق ہو سکتے
ہیں، لیکن جو آپ نے آج
اپنے گواہی بیان میں پڑھا ہے،
یہ آپ کے نتائج ہیں۔ آپ
اس نتیجے پر پہنچی ہیں کہ یہ ایک
منصوبہ ہے۔ ایک خفیہ
بغاوت۔

میں مشورہ دیتی ہوں کہ انہی
حقائق جن پر ہم سب متفق
ہیں کا متبادل نتیجہ اخذ کیا جا
سکتا ہے کہ جب تبدیلی آتی
ہے، تو اِسے پسند نہ کیا جانا
انسانی فطرت ہے۔ کسی کو
ایک دم سے اقلیت بننا پسند
نہیں ہے، اور کسی اور کو
موردِ الزام ٹھہرانا انسانی
فطرت ہے۔

آپ کو تکلیف محسوس ہوئی،
جیسے آپ کو الگ تھلگ کیا
جا رہا تھا، باہر نکالا جا رہا تھا۔
آپ اس نتیجے پر پہنچیں کہ یہ
ایک اسلامی منصوبہ تھا۔

ایلین معاف کیجیے، سوال کیا ہے؟

بیتھن کیا آپ قبول کر سکتی ہیں کہ
یہ معاملہ ایک مختلف انداز
سے دیکھا جا سکتا ہے؟ کیا

آپ قبول کر سکتی ہیں کہ جو
آپ نے آج ہمیں پیش کیا
ہے، وہ احساسات ہیں، حقائق
نہیں؟

۴۔ سماعت

موسم گرما کا تعلیمی دورانیہ، ۲۰۱۵ء، نیشنل کالج فار ٹیچنگ اینڈ لیڈر شپ۔

راشد — پہلا فیصلہ آیا۔ پارک ویو میں میرے ایک ساتھی کو اسکول میں غیر ضروری مذہبی اثر و رسوخ کا قصوروار پایا گیا۔

اس استاد نے فیصلے کے پہلے مسودے کے لیے فریڈم آف انفارمیشن درخواست بھیجی۔ جب وہ پہنچا، اس نے پچھلے اور آخری فیصلے کو ایک ساتھ رکھ کر جانچا۔ ہر صفحہ، ہر جملہ۔ آخری صفحے پر اُس نے کچھ دیکھا۔ پچھلے فیصلے کے مسودے میں لکھا ہوا تھا:

سب لوگ — 'ان اسکولوں میں انتہا پسندی

کا کوئی ثبوت نہیں ہے۔'

راشد		آخری شائع شدہ فیصلے میں لکھا تھا:

سب لوگ		'ان اسکولوں میں پر تشدد انتہا
		پسندی کا کوئی ثبوت نہیں ہے۔'

راشد		چھپے لفظوں میں انتہا پسندی ہے،
		لیکن یہ پر تشدد نہیں تھی۔ معنی
		بالکل بدل گیا۔NCTL سے کس
		نے کہا کہ یہ لفظ شامل کریں؟
		'پر تشدد'؟ 'کوئی پر تشدد انتہا پسندی
		نہیں ہے۔' مجھے معلوم نہیں لیکن
		اگر آپ میرے سر پر بندوق
		رکھیں، متشدد یا غیر متشدد، میں
		کہوں گا کہ یہ مائیکل گوو تھا۔

بیتھن		تم جانے کے لیے تیار ہو؟

راشد		نہیں۔

بیتھن		آخری دورہ ہے۔

راشد — ہر صبح مجھے محافظوں کے ساتھ عمارت میں جانا پڑتا تھا۔ لفٹ میں، راہداریوں میں، غسل خانوں میں۔ میرا پیچھا کیا جا رہا تھا۔

آپ نے شہ سرخیاں دیکھیں؟

بیتھن — انہیں نظر انداز کرو۔

راشد — ان شہ سرخیوں کی وجہ سے میں بریٹن فرسٹ کے نشانے پر ہوں۔ میرا نام اور پتہ شائع کیا گیا ہے۔ مجھے جان سے مارنے کی دھمکیاں ملی ہیں۔

بیتھن — صرف اپنے آج پر توجہ مرکوز کریں۔ کیا ہم ایک اور بار اسے دہرا سکتے ہیں؟

راشد ہاں میں سر ہلاتا ہے۔ وہ لفٹ میں سوار ہوتے ہیں۔

آپ کے بھائی کی سزا پریشانی
کی بات ہے۔ کیا آپ ان کے
نظریے پر خود بھی یقین رکھتے
ہیں؟

راشد میں اپنے بھائی جیسا نہیں
ہوں۔ جو اس کے ساتھ ہوا
ہے، اس سے میں اور بھی
پر عزم ہو گیا ہوں کہ میں
بچوں کو اُس کی طرح گم نہ
ہونے دوں۔

بیتھن جاری رکھیں۔

راشد یہ سچ ہے۔ میں اپنے کچھ طالب
علموں میں اپنے بھائی کا عکس
دیکھتا ہوں۔ کھوئے ہوئے۔
راستے کی تلاش میں۔ اُس نے
بچوں کو صحیح راستہ دکھانے کے
میرے ارادے کو مضبوط کیا۔
اُس کے لیے بہت دیر ہو گئی ہے،
لیکن میرے طالب علموں کے
لیے نہیں۔

بیتھن
کیا آپ نے پارک ویو برادری
کے واٹس ایپ گروپ میں
لکھا تھا؟

راشد
جی ہاں۔ اور جو میں نے کہا
تھا، وہ بے وقوفانہ اور
تکلیف دہ تھا اور میں معافی
مانگتا ہوں۔

بیتھن
کیا آپ ان لفظوں کی مذمت
کرتے ہیں جو دوسروں نے
اِس گروپ میں کہے؟

Beat۔ لفٹ کے دروازے کھلتے ہیں۔

تمہیں یاد ہے کہ ہم نے کیا
گفتگو کی تھی؟

راشد
مجھے یاد ہے۔ لیکن اگر میں
اُن کی مذمت نہ کروں تو
کیا ہو گا؟

بیتھن ہم یہ دوبارہ نہیں دہرا سکتے۔

Beat

راشد ہم سٹیزن شپ میں بچوں کو آزاد خیالی سکھانے کے لیے ایک کہاوت استعمال کرتے تھے۔

بیتھن راشد۔

راشد ہم انہیں یہ رٹا لگانے پر مجبور کرتے تھے: 'جو آپ کہہ رہے ہیں میں اس پر اعتراض کرتا ہوں، لیکن آپ کے کہنے کے حق کے لیے اپنی جان تک لڑا دوں گا۔'

بیتھن ہمارے پاس سٹیزن شپ کے سبق کے لیے وقت نہیں ہے۔ میں دیکھتی ہوں کہ وہ ہمارے لیے تیار ہیں کہ نہیں۔

راشد

پارک ویو میں میں نے ایک بار
ایک گورے استاد کو ایک طالب
علم سے بولتے ہوئے سنا کہ وہ حجاب
میں پینگوئن جیسی لگتی ہے۔ جب وہ
استاد ملازمت سے فارغ ہوئے،
انہوں نے اپنی الوداعی تقریر میں
کہا: 'West is best'۔ اس
آدمی کو چالیس سال سے مسلمان
بچوں کو پڑھانے کی اجازت تھی۔

واٹس ایپ میں لکھنے کے بعد ایک
طالب علم نے مجھے بتایا کہ وہ ہم
جنس پرست ہے۔ میں نے سوچا
کہ اس کے ابا کو بتاؤں لیکن میں
نے ایسا نہیں کیا۔

وہ خیالات میرے طالب علموں
تک کبھی نہیں پہنچائے گئے۔ اور یہ
جان کر میرا دل دکھی ہے کہ
انہوں نے یہ پڑھ لئے ہیں۔

جب ٹروجن ہارس کا معاملہ ۲۰۱۳ء
میں شروع ہوا، پارلیمنٹ میں ہم

جنس شادی پر ووٹ ہو رہا تھا۔
MPs۱۷۲، بشمول سیکرٹری
محکمہء تعلیم، نے اس کے خلاف
ووٹ کیا۔ زیادہ تر ٹوریز نے اس
کے خلاف ووٹ کیا۔ اب، ایک
سال بعد، انہوں نے فیصلہ کر لیا کہ
وہ ہم جنس پرستوں کے حقوق کی
پرواہ کرتے ہیں۔ جب وہ اس کو
مسلمانوں کے خلاف بطور ہتھیار
استعمال کر سکتے ہیں۔

جو میں نے اس واٹس ایپ گروپ
میں لکھا، اس پر میری کمیونٹی فیصلہ
کر سکتی ہے، میرے طالب علم فیصلہ
کر سکتے ہیں۔ ٹوری حکومت میرے
بارے میں فیصلہ نہیں کر سکتی۔

بیتھن راشد۔ وقت آ گیا ہے۔

٦۔ پابندی

موسم خزاں کا تعلیمی دورانیہ، ۲۰۱۵ء۔ طاہر کا گھر۔

طاہر کے ہاتھ میں DfE سے آنے والا خط ہے۔

طاہر	میں گیارہ سال کا تھا جب میرے ابا ہمیں پاکستان سے برمنگھم لے آئے۔ اُس وقت سے میں ہمیشہ ایلم راک میں رہا ہوں۔ جب میں یہاں پہنچا، میں انگریزی کا ایک ہی لفظ بول سکتا تھا۔ 'Ford'۔ پھر ابا نے میرا مقامی اسکول میں داخلہ کروا دیا۔ پارک ویو۔ سیکنڈری اسکول کا پہلا دن ویسے بھی مشکل ہوتا ہے، خاص طور پر اگر کوئی ایک ہی انگریزی لفظ بولنے کے قابل ہو۔
سب لوگ	طاہر عالم۔
حنا	پیٹر کلارک کے بیان کو مد نظر رکھتے ہوئے ۔
وسیم	محکمہ تعلیم میں ہمارے پاس یقین کرنے کے لیے وجوہات ہیں ۔

رخسانہ — کہ آپ کا برتاؤ بنیادی برطانوی اقدار کے خلاف ہے۔

طاہر — دوسرا لفظ جو میں نے سیکھا paki تھا۔ یہ کھیل کے میدان میں گورے لڑکوں نے مجھے سکھایا تھا۔

فرح — ایجوکیشن اینڈ سکلز ایکٹ کی شق ۱۲۸ کے تحت۔

حنا — آپ کو نظام تعلیم میں شامل ہونے سے منع کیا جارہا ہے۔

سب لوگ — زندگی بھر کے لیے۔

طاہر — جب پارک ویو کو شاندار کا درجہ دیا گیا، میں ویسٹ منسٹر بلایا گیا اور ذاتی طور پر وزیر اعظم نے اسکولوں کی خدمات پر میرا شکریہ ادا کیا۔ میں دولت مشترکہ سے ایک لڑکا، دریائے ٹیمز کے کنارے

بیٹھا ہوا، ایوانِ پارلیمنٹ میں
چائے پی رہا تھا۔

یہی لوگ اب مڑ کر کہتے ہیں 'ہمیں
معلوم نہیں تھا کہ یہ سب ہو رہا
تھا۔ ایک انتہا پسند منتظم آپ کے
بچوں کو بنیاد پرست بنا رہا ہے۔'

وہ ایک لمحہ مجھے تھامتے اور
دوسرے ہی لمحے دھکیل دیتے۔
میری پوری زندگی کی محنت برباد
ہو گئی۔ لڑکپن سے آج تک میں کیا
سمجھا گیا ہوں؟ Paki۔

۷۔ امتحانی نتائج کا دن

موسم گرما کا تعلیمی دورانیہ، ۲۰۱۵ء۔ فرح کا کمرا۔

فرح

کھیل کا ہال بچوں اور اُن کے
والدین سے بھرا ہوا تھا، لیکن میں
اکیلی تھی۔ ہمیشہ کی طرح۔ یہی ہے
میری زندگی۔ مجھے یاد ہے۔ میز
لفافوں سے بھرے ہوئے تھے۔
جب مجھے اپنا مل گیا تو میں کھول نہ

پائی۔ میرا کلیجہ بیٹھ گیا۔

میں نے ہال پر نظر دوڑائی تو دیکھا وسیم، حنا اور فیضان اپنے لفافے کھول رہے تھے۔ پھر مجھے رخسانہ نظر آئی۔ مجھے نہیں لگتا کہ میں نے اُسے کبھی اتنا خوش دیکھا ہو گا۔ میرا وہاں سے نکلنا ضروری ہو گیا تھا۔ میرا پارک ویو میں آخری دن اور میں وہاں گیٹ سے سیدھا بھاگی۔ پیچھے دیکھے بغیر۔

میں نے گھر جاتے جاتے تقریباً سگریٹ کا ایک پیک پی لیا ہو گا۔ جب میں نے دروازہ کھولا تو ماں کچن کے میز پر بیٹھی میرا انتظار کر رہی تھیں۔ وہ بہت چاہتی تھیں کہ میرے ساتھ جائیں لیکن اُن کی آنکھ زخمی تھی۔

انہوں نے پوچھا: 'کیسا رہا؟' میں نے کہا: 'زبردست! سارے A's۔' انہوں نے کہا: 'واہ! تم

اپنے بھائی کی طرح کالج اور یونیورسٹی جاؤ گی۔ تم کامیاب ہو گی۔ تم ایلم راک سے نکل جاؤ گی۔' میں نے بس بہانہ بنایا اور اوپر چلی گئ۔

میں نے دروازہ بند کیا۔ ایک گہری سانس لی اور لفافہ کھولا۔ انگریزی ادب D، انگریزی زبان D، ریاضی D، مذہبی تعلیم D، دوہری سائنس DD، جغرافیہ D، تاریخ D، اردو A*۔

۸۔ فیصلہ

موسم گرما کا تعلیمی دورانیہ، ۲۰۱۶ء۔ نیشنل کالج فار ٹیچنگ اینڈ لیڈرشپ۔

جیس کون جیتا؟

فرح میں بس پڑھتی جا رہی ہوں۔

جیس کوئی نہیں۔

فرح

بس پڑھتی جا رہی ہوں۔ خود کو روک نہیں پا رہی۔

جیس

منتظمین، استاد، طالب علم، سب برباد ہو گئے ہیں۔ اور دائیں بازو والے کیا کرتے ہیں؟ وہ مزید نسل پرست اور قابض ہو جاتے ہیں۔ مسلم برادری کیا کرتی ہے؟ وہ مزید لاتعلق اور تنہا ہو جاتی ہے۔ اور بائیں بازو والے کیا کرتے ہیں؟ ہمیں کچھ معلوم نہیں کہ ہم کیا کریں۔ ہم نے ابھی تک فیصلہ نہیں کیا کہ ہم تاریخ میں کہاں کھڑے ہونا چاہتے ہیں، اس لیے ہم کچھ نہیں کرتے۔

طاہر

جب میں نے پارک ویو چھوڑا تو امتحانی نتائج ۷۶% تھے۔ اب نتائج ۴۳% ہیں۔

ایلین

جب میں اُس وقت کو یاد کرتی ہوں تو میں اپنے آپ کو سوچنے سے روک نہیں سکتی۔ کیا میرا

ردِ عمل شدید تھا؟ کیا میں خود نسل پرست تھی؟

طاہر
کیا آپ کو معلوم ہے کہ اصلی ٹروجن ہارس کون ہے؟

ایلین
پھر میں سوچتی ہوں، نہیں، ہرگز نہیں۔

طاہر
اصلی ٹروجن ہارس مائیکل گوو ہے۔ وہ اسی کا انتظار کر رہے تھے۔ کچھ ایسا جسے وہ سیاسی چال کے طور پر استعمال کر سکیں۔ انہوں نے شعبہء تعلیم، EFA، آفسٹیڈ، اخبارات اور میڈیا سب میں اپنے پنجے گاڑ لیے۔ وہ انتہا پسندی کے خوف کو استعمال کر کے اسکولوں میں داخل ہوئے اور پھر وہاں اپنی انتہا پسندانہ سوچ کو پھیلایا۔ جو کچھ اُنہوں نے کیا وہ سب پوشیدہ، منصوبہ بندی کے تحت اور منظّم تھا۔

وہ آئے، اُنہوں نے ہماری کمیونٹی

کو لوٹا، تباہ کیا، تقسیم کیا۔ پھر وہ واپس ٹرائے چلا گئےاور ہمارے پاس کچھ نہیں بچا۔

ایلین

ٹروجن ہارس نے مجھے طاقت دی۔ اب میں اعتماد کے ساتھ فیصلہ کرتی ہوں کہ لکیر کہاں کھینچنی ہے۔ ایک دن ایک طالب علم میرے پاس آیا اور اُس نے مجھ سے پوچھا: 'مس! کیا ہمارے لیے ایک نماز کا کمرا ہو سکتا ہے؟'میں نے کہا: 'نہیں۔ یہ اسکول ہے، مسجد نہیں۔ اگلا سوال؟'

راشد

میرے جیسے لوگوں کا اِس تعلیمی نظام میں ایک کردار تھا۔ اگر میں آپ کو سچ بتاؤں تو یہی مضحکہ خیز بات ہے۔ وہ جو متوازن مسلمان ہو، جو اس ملک سے پیار کرے، جس کو برطانوی ہونے پر فخر ہو، جو بے سکونی محسوس نہ کرتا ہو، جو دو اطراف میں نہ بٹا ہو۔

جیس

لی رگبی، مانچسٹر اور لندن برج کے سانحوں کے بعد یہ امید کی گئی کہ مسلمان کھڑے ہوں اور بولیں: 'یہ میں نہیں ہوں۔' اب دیکھیے سفید فام اسٹیبلشمنٹ نے ایلم راک کی مسلم کمیونٹی کے ساتھ کیسا سلوک کیا۔ جس کے نتیجے میں کاروبار چھینے گئے۔ عزتیں تباہ ہوئیں اور جوان نسلوں کی منظّم ناکامی ہوئی۔ جناب اب میں کہتی ہوں: 'یہ میں نہیں ہوں۔ یہ میں نہیں ہوں۔'

راشد

اتنے حساس وقت میں مجھے تعلیمی نظام سے نکال دینا۔ بچے غلط لوگوں کو مثال بنا کر متاثر ہو سکتے ہیں۔ اب میرے بھائی کو دیکھیں۔ اگر ٹروجن ہارس وہاں سے نکلا تھا، اگر مائیکل گوو اسی چیز کے بارے میں فکر مند تھے، تو بچوں کو تعلیم دینے کے لیے اور سیدھا راستہ دکھانے کے لیے میری طرح کے لوگوں کی ضرورت ہے۔ اگر میں آپ سے

سچی بات کروں۔ مجھے تعلیمی نظام میں سے نکال دینا، یہ بات مجھے بالکل سمجھ نہیں آئی۔

جیس

ٹروجن ہارس کی وجہ سے پارک ویو اور پورے برطانیہ میں اسکولوں پر فرض ہو گیا ہے کہ وہ برطانوی اقدار پھیلائیں اور سیکھائیں۔

فرح

برطانوی اقدار اب نیونسن پرائمری میں میرے چھوٹے بھائیوں کے نصاب کا حصہ ہے۔

برطانوی اقدار؟ یہ کیا بکواس ہے؟ برطانوی اقدار اور اسلامی اقدار ایک ہی چیز ہیں۔ یہ ہمارے لیے کچھ نیا نہیں ہے۔ صرف اس لیے کہ آپ نے اس کا نیا نام رکھ دیا ہے یا پالیسی بنا دی ہے۔ اب آپ نے اس کو 'برطانوی اقدار' کا نام دے دیا ہے، جیسے برطانویت ایک ایسی چیز ہے جو مجھے سیکھنی ہو گی، جو

مجھے بننا ہو گا، بجائے ایک ایسی چیز جو میں پہلے سے ہوں۔

میں ایلم راک میں پیدا ہوئی۔ میں نے پوری زندگی برمنگھم میں گزاری ہے۔ میرے بارے میں ایسی کون سی چیز ہے جو برطانوی نہیں ہے؟ احترام، انسانیت، برداشت: یہ سب اسلامی اقدار ہیں۔ یہ سب اقدار میرے ایمان کی بنیاد ہیں۔ لیکن میں یہ سب اقدار کیوں جاری رکھوں؟ کیوں کسی کو برداشت کروں جب کہ پوری دنیا مجھے برداشت کرنے کو تیار نہیں؟

راشد

ہم ایک ہی سانچے سے نکلے ہیں۔ ہم سب ایک ہی چیز چاہتے ہیں۔ ہم سب اپنے بچوں کی بہتری چاہتے ہیں۔ اور دیکھیں ہم اُن کو کیا سبق سکھا رہے ہیں۔

راشد واصی صاحب، براہِ پینل چیئر

مہربانی کھڑے ہو جایئے۔

راشد

پینل فیصلے پر پہنچ گیا تھا لیکن مجھے اسے سننے کا موقع نہیں ملا۔ جس دن میرا فیصلہ سنایا جانا تھا اس دن پتہ چلا کہ استغاثہ نے اہم ثبوت چھپائے ہوئے تھے۔ ڈھائی سال سے اُن کے پاس ہزاروں صفحوں پر مشتمل ثبوت موجود تھے۔ وہ ثبوت جو میرے حق میں تھے۔

میرا مقدمہ ختم ہو گیا۔ جب مجھے یہ پتہ چلا تو مجھے یہ جیت نہیں لگی۔ مقدمے کی تحریر کبھی عام نہیں ہوئی۔ میرے دلائل کبھی سنے ہی نہیں گئے۔

بس، میرے اوپر ٹھپا لگ گیا۔ میں ایک دہشت گرد ہوں۔ ایک انتہا پسند۔ میں ٹروجن ہارس ہوں۔ میں انتہا پسند اسلامی نظریہ پھیلانے کے لیے اسکولوں میں داخل ہوا۔

مجھے آپ کے بچوں کے قریب نہیں ہونا چاہیے۔ مجھے اپنے اسکولوں کے دروازے سے اندر داخل نہ ہونے دیں۔ بڑا برا مسلمان مرد پھوں پھاں کرے گا اور آپ کے اسکولوں کو اُڑا دے گا۔

پردہ گرتا ہے۔

پس نوشت

۲۰۱۴ء کے اوائل میں برمنگھم ٹروجن ہارس کا واقعہ ۔ اسکولوں کو اسلامی مدرسوں میں تبدیل کرنے کا ایک منصوبہ ۔ برطانوی میڈیا کی سرخیاں بن گیا۔ یہ ایک پھیلائے گئے خط کا نتیجہ تھا جس کے بارے میں خیال تھا کہ یہ اس مبینہ منصوبے میں شامل ایک فرد کی طرف سے لکھا گیا تھا۔ لوگوں کی اکثریت اس خط کو اب دھوکا سمجھتی ہے لیکن اس کے نقصان دہ اثرات بہت گہرے ہیں۔ اس کے اثرات اُن عوامی پالیسیوں کی فیصلہ سازی پر گہرے مرتب ہوئے جو تعلیم اور حکومت کی دہشت گردی کے خلاف حکمت عملی، Prevent کے متعلق تھیں۔ مثال کے طور پر، نومبر ۲۰۱۴ء میں اسکولوں کو 'بنیادی برطانوی اقدار' کو فروغ دینے کا فرض سونپا گیا اور اگلے سال وہ واقعہ 'انتہا پسندوں کے اداروں میں داخلے' کی بنیادی مثال کے طور پر استعمال ہوا جسے ایک نئی انسداد انتہا پسندی کی حکمت عملی کے ذریعے روکا جاسکتا ہے۔

پہلے پہل ۲۱ اسکولوں کو تحقیقاتی ادارے آفسٹیڈ کے حوالے کیا گیا اور اس کے بعد برمنگھم سٹی کونسل کے این کرشا اور پیٹر کلارک (میٹرو پولیٹن پولیس کے انسداد دہشت گردی کے سابق سربراہ) نے محکمہ تعلیم کے لیے ۱۱۴ اسکولوں پر ۱۹۹۶ء سے ۲۰۱۴ء تک کے عرصے میں لگنے والے الزامات کی تحقیقات کیں۔ ایجوکیشن فنڈنگ ایجینسی (EFA) نے بھی ۴ اسکولوں کی تحقیقات کیں ۔ تین اسکول جو پارک ویو ایجوکیشن ٹرسٹ سے منسلک تھے (PVET - پارک ویو اکادمی، گولڈن ہلوک اور نینسن) اور ایک مزید اسکول، اولڈ نو، جس سے اُن کے قریبی روابط تھے۔ اس نے تجویز کیا کہ فنڈنگ کے معاہدے واپس لے لئے جائیں۔ EFA کا دورہ کرنے والی ایک معائنہ کار کلارک رپورٹ میں مشیر تعلیم

کے طور پر مدد کر رہی تھیں اور انہوں نے اس کے کئی حصوں کی دستاویزات تیار کی تھیں۔

والدین، اساتذہ اور اسکول کے منتظمین کے خلاف الزامات کے ساتھ ساتھ یہ سب کچھ میڈیا کی گہری نظر کے سامنے ہو رہا تھا ۔ غنڈہ گردی اور نامناسب سلوک کے الزامات بنا کسی مشکل کے بڑے پیمانے پر پھیلائے جا رہے تھے۔ الزامات جیسے کہ جماعت میں پرچے تقسیم کئے جا رہے ہیں جن میں لکھا ہے کہ اسلامی تعلیمات کے تحت بیویوں کو اُن کے شوہروں کے ساتھ جنسی تعلق پر رضا مند ہونا لازمی ہے، اسکول کے میڈیا سنٹر میں جہادی ویڈیو کی ریکارڈنگ کی جا رہی ہے اور سائنسی اسباق کے دوران مذہبی تعلیم دی جا رہی ہے وغیرہ۔ کلارک رپورٹ نے ایسے ۲۰ 'سنگین واقعات' PVET میں درج کئے، مختصراً کہتے ہوئے کہ 'اس کی نشاندہی کرنا مناسب ہے کہ ٹرسٹ سب نہیں تو زیادہ تر الزامات کی تردید کرتا ہے۔' پتہ چلا کہ یہ پرچے لڑکوں نے انٹرنیٹ سے لئے تھے اور ان کی تلاش ہونے کے تھوڑی دیر بعد اسمبلی میں ان کے غیر حقیقی ہونے پر بات کی گئی۔ 'جہادی' ویڈیو ایک پینوراما پروگرام کی ریکارڈنگ تھی جو ویسٹ مڈل لینڈز پولیس کی درخواست پر بنیاد پرستی کے خطرات پر اسکول کے سبق کے لئے بنائی گئی تھی اور سائنس کے استاد پر سائنس کو مذہب سے جوڑنے کا الزام ، طلبا سے جماعت میں پوچھے گئے سوالوں کا ردِ عمل تھا۔ کلارک رپورٹ اور میڈیا نے ایک واٹس ایپ گروپ جس کا نام 'پارک ویو برادر ہوڈ' تھا کے کئی پیغامات کی مثال دی۔ اس نے تصدیق کی کہ ۳۲۳۵ میں سے زیادہ تر پیغامات 'معصومانہ اور معمولی' تھے لیکن (جھوٹا) دعویٰ کیا گیا کہ چند انتہا پسندی کی تعریف کے دائرے میں آتے ہیں جو Prevent کی حکمت عملی میں دی گئی ہے (جہاں اس کی تعریف کی گئی ہے 'بنیادی برطانوی اقدار کی زبانی یا عملی مخالفت، جس میں شامل ہے جمہوریت ، قانون کی حکمرانی، انفرادی آزادی اور مختلف عقائد کا باہمی احترام اور

برداشت ... [اس کے ساتھ ساتھ] ... ہماری مسلح افواج کی موت کا مطالبہ کرنا، چاہے اس ملک میں ہو یا بیرونِ ملک')۔

یہ ڈراما آفسٹیڈ اور EFA کے دورے سے لے کر کلارک رپورٹ کے نتائج تک کے واقعات و الزامات کے ایک اسکول - پارک ویو اکادمی - پر اثرات کو پیش کرتا ہے۔ کلارک رپورٹ نے تجویز دی کہ نیشنل کالج فار ٹیچنگ اینڈ لیڈر شپ (NCTL) کو اس 'منصوبے' میں ملوث افراد کے خلاف پیشہ ورانہ غیر ذمہ داری کے مقدمات درج کرنے چاہیے۔

رچرڈ کرباج اور سیمئن گریفیتھس نے ٹائمز میں لکھا کہ ۱۰۰ سے زیادہ 'اسلامی سوچ رکھنے والے' اساتذہ اس میں شامل تھے اور NCTL پہلے سے ۳۰ الگ مقدمات پر غور کر رہے تھے۔ اصل میں صرف ۴ مقدمات نکالے گئے تھے جن میں PVET اور اولڈ نو اسکول کے ۱۲ اساتذہ شامل تھے۔ PVET کے اساتذہ کے خلاف مقدمات - کلارک رپورٹ کے مطابق 'منصوبے' کا مرکز - اکتوبر ۲۰۱۵ء میں شروع ہوئے۔ قابل ذکر بات ہے کہ اساتذہ کے خلاف الزامات 'انتہا پسندی' کے نہیں تھے بلکہ 'غیر مناسب مذہبی اثر و رسوخ' کے تھے۔ مقدمات تقریباً دو سال چلتے رہے، لیکن جب مئی ۲۰۱۷ء میں PVET میں سینئیر رہنماؤں کے خلاف مقدمات بند ہوئے ، انہیں ختم کر دیا گیا۔ یہ NCTL کی سنگین ناانصافی کا نتیجہ تھا، جس میں دوسری چیزوں کے ساتھ ساتھ یہ انکشاف بھی شامل تھا کہ استغاثہ کے لیے گواہوں کے بیانات کلارک رپورٹ کی دستاویزات استعمال کرکے تیار کیئے گئے تھے۔ NCTL کے وکلا اس کی بھرپور تردید کر چکے تھے اور اس کا مطلب یہ تھا کہ کلارک رپورٹ سے کوئی بھی غیر استعمال شدہ بیانات دفاع کو دکھائے جانے چاہیے تھے۔ PVET کا دورہ کرنے والی EFA کی معائنہ کار، جنہوں نے بعد میں کلارک رپورٹ میں تعلیمی مشیر کی

حیثیت سے کام کیا تھا، کی گواہی کی ساکھ پر بھی سوال اٹھائے گئے۔ ان کی گواہی ڈرامے میں شامل ہے۔

سرکاری عہدے داران اور پالیسی مشیران کے ساتھ ساتھ اس مقدمے میں ملوث صحافی، جلد سے جلد اعلان کرنے لگے کہ یہ مقدمے 'تکنیکی نوعیت' کی وجہ سے رک گئے۔ مثال کے طور پر، جاناہ اسٹیورٹ، پالیسی ایکسچینج (قدامت پسند تھنک ٹینک جس نے مائیکل گووکے اسکولوں کے پروگرام کو مشورہ دیا تھا) کی سلامتی اور انتہا پسندی کے شعبے کی شریک سربراہ، اور اس کے تعلیمی سربراہ جان ڈیوڈ بلیک نے تجویز دی کہ ''کلارک کی تحقیقات کے نامعلوم گواہوں کے بیانات کا منظر عام پر نہ آنا، 'عمل کے غلط استعمال' کے طور پر بیان کیا گیا تھا، اور یہ انتہائی افسوس ناک ہے، لیکن اس کا مطلب یہ نہیں کہ وہ بری الذمہ ہیں۔ ضابطے کی کارروائی کو روک دینے کا فیصلہ 'ثبوتوں کی کمی' کی وجہ سے نہیں بلکہ طریقہ کار کی بنیاد پر کیا گیا۔'' اس حقیقت کا کوئی ذکر نہیں کیا گیا کہ اساتذہ کے خلاف الزامات میں انتہا پسندی شامل نہیں تھی۔ جیمی مارٹن، DfE کے سابق خصوصی مشیر نے لکھا، 'یہ جاننا اہم ہے کہ چونکہ اساتذہ کے خلاف مقدمے نہیں چلے تھے لہٰذا وہ ان سے بری نہیں ہوسکے تھے' اور کہ 'وہ لوگ جو ٹروجن ہارس کو کم اہم سمجھتے ہیں، یہ کہتے ہوئے کہ اس میں شامل لوگ ''مروجہ'' اسلامی خیالات کی نمائش کر رہے ہیں، وہ بہت ہی بھولے ہیں اور وہ ایک خطرناک غلطی کر رہے ہیں۔'

ڈراما دو واقعات کے ساتھ ختم ہوتا ہے جو الگ الگ وقت میں ہو رہے ہوتے ہیں۔ فرح ۲۰۱۵ء کے موسم گرما کے تعلیمی دورانیے کے GCSE کے امتحانات کے نتائج ٹروجن ہارس کے قصے کے ہنگامے کے دوران وصول کرتی ہے۔ تقریباً دو سال بعد استاد راشد بد عنوانی کے مقدمے کے فیصلے کے منتظر ہیں اور وہ سیکھتے ہیں کہ میڈیا پر ہونے والے فیصلے سے ہٹ کر یہ مقدمہ بنا کسی فیصلے پر پہنچے بند ہوگیا ہے۔

اس کا موازنہ ۱۹۸۹ء میں ہلزبورو فٹ بال اسٹیڈیم میں کچلے جانے کی تباہی اور شائقین کے رویوں کی غلط بیانی اور پولیس والوں کی مجرمانہ غفلت کی پردہ پوشی سے کیا جاسکتا ہے۔ کوئی موت واقع نہیں ہوئی، لیکن حکام کی جانب سے غیر متوقع کارروائی اور اُن کی ذاتی مداخلت کی پردہ پوشی سے لوگوں کی عزتیں مٹی میں مل گئیں، ملازمتیں تباہ ہوگئیں اور ذرائع معاش ختم ہوگئے۔

یہ کثیر الثقافتی برطانیہ میں اہم لمحے کی نمائندگی کرتا ہے، جس میں مسلمانوں کو قربانی کا بکرا بنانا اور اُن کے مناسب اعمال اور حقوق کی نظر انداز کرنا شامل ہے۔ بلاشبہ، یہ ان ہی اقدار کا دھوکا ہے جن کے بارے میں کہا گیا تھا کہ انہیں اساتذہ اور منتظمین مسترد کر رہے تھے۔ یہ ڈراما اپنے شرکا کے الفاظ کے ذریعے اس ناانصافی کی منظر کشی کرتا ہے (اگرچہ کچھ کردار انٹرویو کے مواد کا مرکب ہیں)۔

اسکول (وں) پر ایک نوٹ:

پارک ویو کے ۹۸.۹% طلبا اسلامی ورثے سے تعلق رکھتے تھے۔ یہ ادارہ ۱۹۹۶ء میں خصوصی اقدامات میں تھا اور ۲۰۱۲ء تک یہ تعلیمی کامیابی میں برطانیہ کے تمام صف اول کے ۱۴% اسکولوں میں شامل تھا۔ اس کے منتظم اعلیٰ طاہر عالم اور ہیڈ ٹیچر لنڈزی کلارک نے ان کامیابیوں کے سلسلے کو آگے بڑھایا۔ یہ ترقی اس حقیقت کے باوجود تھی کہ اس کے ۷۲.۷% طلبا اسکول سے مفت کھانا لیتے تھے اور صرف ۷.۵% کی پہلی زبان انگریزی تھی۔ اس میں اوسط شرح سے زیادہ خصوصی ضروریات کے حامل طالب علم بھی تھے۔ یہ سب عوامل ناقص تعلیمی نتائج سے وابستہ ہیں لیکن پھر بھی پارک ویو نے انہیں فتح کرلیا۔ اس کے علاوہ ، آفسٹیڈ کی رپورٹس - ۲۰۱۴ء کی مہلک رپورٹ تک - نے طلبا کو جدید برطانیہ میں زندگی گزارنے کے لیے اچھی تیاری فراہم کرنے پر اسکول کی تعریف کی

تھی۔انہوں نے اسکول کی اسلامی اخلاقیات اور نجی نماز کے لیے دی ہوئی سہولیات کی بھی تعریف یہ کہتے ہوئے کی کہ یہ والدین اور طالب علموں کی اسکول میں شمولیت کو ممکن بناتا ہے اور ان کے تعلیمی مقاصد کی حمایت کرتا ہے۔ یہ ادارہ اس کامیابی کے نتیجے میں ۲۰۱۲ء میں 'کنورٹر' اکادمی بن گیا اور محکمہء تعلیم اور برمنگھم سٹی کونسل نے اپنے اسکول میں بہتری کے منصوبے کے تحت تجویز دی کہ وہ نیمنسن اور گولڈن ہلوک کو، جسے بہتری کی ضرورت ہے، اسپانسرڈ اکادمی کے طور پر ملٹی اکادمی ٹرسٹ میں شامل کر دیں۔ محکمہ تعلیم نے PVET کو تجویز کیا کہ وہ اولڈ نو اسکول کے ساتھ ایک الگ دینی پرائمری اسکول چلانے کے معاہدے کی یاد داشت میں شامل ہوں۔ DfE چاہتا تھا کہ الفرقان کے اسلامی اخلاق کی وجہ سے ٹرسٹ اسے شامل کر لے۔ اولڈ نو کے ہیڈ ٹیچر کا دینی اسکولوں میں تدریس کا تجربہ تھا اور ایسا لگا کہ یہ الفرقان کی ترقی میں مددگار ہوگا۔ یہ تجربہ اس الزام کے ساتھ اس کے خلاف استعمال ہوا کہ اس نے مذہبی اور غیر مذہبی اداروں میں فرق کو غیر واضح کر دیا۔ PVET میں الفرقان آخر کار شامل نہیں ہوا کیونکہ PVET کو لگا کہ الفرقان اپنے اسلامی نظریے کو اپنی تعلیمی کامیابیوں پر فوقیت دیتا ہے۔ اسکولوں پر قبضہ کرنے میں DfE کے کردار اور پارک ویو اسکول کی تعلیمی کامیابی کے بارے میں کوئی ذکر نہ تو کلارک رپورٹ میں شامل تھا اور نہ ہی میڈیا کی رپورٹنگ میں۔

جان ہوموود یونیورسٹی آف ناٹنگھم میں عمرانیات کے پروفیسر ہیں۔ وہ NCTL کی طرف سے دائر عدالتی مقدمات میں دفاع کے ماہر گواہ تھے، بالخصوص وہ مقدمہ جس میں PVET کے سنئیر رہنما ملوث ہوں۔ وہ لنگ تھیٹر کمپنی کے تعلیمی مشیر ہیں اور

Countering Extremism in British Schools? The truth about the Birmingham Trojan Horse affair, (Policy Press, 2017)

کے (ٹیریس اوٹول کے ساتھ) مصنف ہیں۔ اس پس نوشت میں شامل تمام حوالہ جات اس کتاب کے تعارف میں ڈھونڈے جا سکتے ہیں جو یہاں آن لائن مفت دستیاب ہے:

https://bristoluniversitypress.co.uk/asset/4402/countering-extremism-in-british-schools-introduction.pdf

LUNG in Association with Leeds Playhouse presents:

TROJAN HORSE

By Helen Monks & Matt Woodhead

Translated by Ayesha Manazir Siddiqi

OBERON BOOKS
LONDON

WWW.OBERONBOOKS.COM

First published in 2019 by Oberon Books Ltd
521 Caledonian Road, London N7 9RH
Tel: +44 (0) 20 7607 3637 / Fax: +44 (0) 20 7607 3629
e-mail: info@oberonbooks.com
www.oberonbooks.com

A catalogue record for this book is available from the British Library.

PB ISBN: 9781786829498
E ISBN: 9781786829504

Cover Photography: Graeme Braidwood
Design: Luke W. Robson

Printed and bound in the UK.

Printed on FSC® accredited paper

10 9 8 7 6 5 4 3 2 1

CAST

Jess	Komal Amin
Rashid	Mustafa Chaudhry
Farah	Gurkiran Kaur
Tahir	Qasim Mahmood
Elaine	Keshini Misha

URDU AUDIO TRANSLATION CAST

Elaine, Farah & Jess	Madiha Ansari
Rashid & Tahir	Uzair Bhatti
Sound Engineer	Kaviraj Singh

CREATIVE & PRODUCTION TEAM

Engagement Manager	Madiha Ansari
Associate Director	Gitika Buttoo
Fundraiser	Josh Chua
Producer	Ellie Claughton
Carpenter	Jon Claughton
Production Manager	Crin Claxton
Sound Designer	Owen Crouch
Assistant Producer to Ellie Claughton	Grace Dickson
Deputy Production Manager	Alex Earle
Design Consultant	Rana Fadavi
Academic Advisor	John Holmwood
Touring Exhibition Artist	Faisal Hussain
Community Engagement Consultant	Siara Illing-Ahmed
Script Consultant	Aisha Khan
Touring Stage Manager	Camille Koosyial
Writers	Helen Monks & Matt Woodhead
Lighting & Projection Designer	Will Monks
Engagement Assistant	Nitha Noor
Script Translator	Ayesha Manazir Siddiqi
Rehearsal Stage Manager	Marie-Angelique St. Hill
Rehearsal Translator	Umber Qureshi
Vocal and Dialect Coaches	Gary Owston & Joel Trill
Director	Matt Woodhead

Acknowledgements

Yunis Alam, Imran Ali, Mohammed Ali, Shazad Amin, Rose Bauer, Wesley Bennett-Pearce, Annice Boparai, James Brining, Chris Campbell, Yamin Choudury, Richard Dufty, Matt Eames, Christine Edzard, Hackney Empire, Julia Farringdon, Andrew Faux, James Fergusson, Nick Flintoff, Yorkshire Adabee Forum, Grace Gummer, Simon Hattenstone, Harbottle & Lewis, Robin Hawkes, Colin Henderson, Inga Hirst, Jacqui Honess-Martin, Rachel Horowitz, James Illman, Mobius Industries, Shobat Kadara, Stella Kailides, Reuben Kay, Deborah Kermode, Verity Leigh, Grace Lewis, Sharon McHendry, MEND, Philip Monks, Richard Norton-Taylor, University of Nottingham, Peter Oborne, David Owen, Ethne Owen, The Cultural Ecology Project, Ashna Rabheru, Kamran Rashid, Deborah Rees, The Other Richard, Luke W. Robson, Tamar Saphra, Tess Seddon, Naz Shah, Sagar Shah, Caitriona Shoobridge, Summerhall, Sam Steiner, Liz Stevenson, Olivier Stockman, 30 Chapel Street, Freedom Studios, The National Theatre Studio, Sands Films Studios, Claire Symonds, Blue Elephant Theatre, Maanuv Thiara, Chris Thorpe, The Grimmitt Trust, Rachel Twigg, Baroness Sayeeda Warsi, Niamh De Valera, Konstantinos Vasdekis.

Thank you to all the venues and services involved in making this tour happen: everyone at Battersea Arts Centre, Cast in Doncaster, Theatr Clwyd, Hull Truck, Lawrence Batley Theatre, Leeds Playhouse, Live Theatre, The Lowry, MAC, Theatre in the Mill, Norwich Theatre Royal, Square Chapel Halifax, Unity Theatre. Thank you to Gilly Roche and the team at Leeds Playhouse, for believing in and backing this production when no-one else would.

A special thank you to the teachers, governors and students who so bravely shared their stories and went on this four year journey with us.

Producer – LUNG

Founded in Barnsley in 2012, LUNG are a verbatim theatre company who make work with communities, by communities, for communities. LUNG creates work that shines a light on political, social and economic issues in modern Britain using people's actual words to tell their stories. LUNG are Associate Artists at The Lowry.

'Piercing, Relevant, Terrifying And Beautifully Told'
★★★★★
WhatsOnStage on *Trojan Horse*

'Superb'
★★★★
The Scotsman on *Who Cares*

'Infectious'
★★★★
London Evening Standard on *E15*

'Powerful And Devastating'
★★★★
The Guardian on *Chilcot*

'A Company To Watch'
★★★★
The Stage on *The 56*

LUNG's Co-Artistic Directors are Helen Monks and Matt Woodhead. Most recent productions include: *The 56*, *E15*, *Chilcot* and *Who Cares*.
www.lungtheatre.co.uk
@lungtheatre

In Association with – Leeds Playhouse

Leeds Playhouse was established over 50 years ago; from 1970 to 1990 as Leeds Playhouse, then, with the opening of a new theatre on its current Quarry Hill site it became West Yorkshire Playhouse until reverting back to its original name in 2018.

Leeds Playhouse is one of the UK's leading producing theatres; a cultural hub, a place where people gather to tell and share stories and to engage in world class theatre. It makes work which is pioneering and relevant, seeking out the best companies and artists to create inspirational theatre in the heart of Yorkshire. From large-scale spectacle to intimate performance the Playhouse develops and makes work for our stages, for found spaces, for touring, for schools and community centres. We create work to entertain and inspire.

As dedicated collaborators, Leeds Playhouse works regularly with other organisations from across the UK, and some of the most distinctive, original voices in theatre today. Through their Artistic Development programme Furnace, they develop work with established practitioners and find, nurture and support new voices. They cultivate artists by providing creative space for writers, directors, companies and individual theatre makers to refine their practice at any stage of their career.

The Playhouse's sector-leading Creative Engagement team works with over 10,000 people aged 0 – 95 every year through a range of weekly workshops and exciting creative projects using theatre to open up possibilities, reaching out to refugee communities, young people, students, older people and people with learning disabilities. At the Playhouse there is always a way to get involved.

Leeds Playhouse – Vital Theatre

Artistic Director James Brining
Executive Director Robin Hawkes
Chairman of the Board Sir Rodney Brooke CBE

Find us on Facebook: Leeds Playhouse
Follow us on Twitter: @LeedsPlayhouse
Follow us on Instagram: @LeedsPlayhouse
Visit our website: LeedsPlayhouse.org.uk

Supported by – Index on Censorship

Index on Censorship encourages an environment in which artists and arts organisations can challenge the status quo, speak out on sensitive issues and tackle taboos. To this end, Index offers advisory and consultancy services, including workshops, publishes case studies about artistic censorship, and has guidance for artists on laws related to artistic freedom in England and Wales.

In addition, we work with a small number of UK based artists or arts organisations each year who are in the development or production phase of work that takes on particularly sensitive social or political issues. We offer support as a sounding board, make connections with expert advice on e.g legal or marketing issues as needed, and offer support through obstacles or challenges faced along the way.

At the end of this process, once the artwork is out in the public realm, we publish a short report, as a way of sharing experiences with other artists and arts organisations, about how to take handle contentious content and the divisive, sometimes hostile, responses it might provoke.

We are delighted to be working alongside LUNG on their 2019-20 tour of Trojan Horse, bringing this important play to audiences across the UK, as well as directly to politicians in a special performance in parliament.

TROJAN HORSE

Author's Note

This play is based on real life events but some names have been changed. It is adapted from over 200 hours of interviews conducted by LUNG as well as public documents and contains words spoken by individuals who participated in public hearings. While it contains a representation of some identifiable figures it is not endorsed or authorised by them.

Translator's Note

This translation would not have been possible without Zulfiqar Ali Sajjad Sahib. I thank him for this, for his wisdom and patience, and his years of tutorship. Love and gratitude also to Seema Manazir, Abdul Moiz Jaferii, and Rehan Siddiqi, for their support. Finally, thanks to Kavita Bhanot and Jasber Singh for lighting the way.

Foreword

The truth of what happened in Birmingham will never be a single narrative for the people who were actually there. For some, it's the story of a local Muslim community being punished for taking ownership and pride in their children's education and creating genuine social mobility for students who had been previously failed. For others, it's a story of the national press and the national government wading into a local issue of school governors and head teachers not seeing eye to eye about how children should be taught.

LUNG's play presents the complexities of the different perspectives as events unfolded in Birmingham but simultaneously shows that one truth is unanimously clear: in the case of Trojan Horse, the Government were Islamophobic.

The Trojan Horse Affair has been used as the justification for a radical new direction in the Government's Counter Extremism Strategy. But this is not a one-off story, rather it was the symptom of the culture and climate that we were living in then and are still living in now. A climate of othering, of believing Muslims are less, of thinking any Muslim without power is an isolated outcast and any Muslim with power is taking over and part of an agenda of entryism has sadly become a lived experience for many British Muslims.

The Trojan Horse Affair has had a lasting impact on Government policy making, most particularly the debate on what defines British Values. But it is obvious that the narrative of Trojan Horse, as it was presented in 2014, that radical Muslims were indoctrinating school children and schools were mired in extremism, is simply not true.

Poll after poll, study after study and police statistics on hate crime show that sadly Islamophobia is on the rise. There is no doubt that the narratives around Trojan Horse have fed into this sad state of affairs.

To fix the present we must establish the truth of the past and that must start with a proper inquiry into the Government's conduct during the so called "Trojan Horse Affair". We must sit and listen and really, truly hear from the voices that have been silenced – the accused, side-lined and outcast. This play is a start.

Baroness Sayeeda Warsi

Characters

ELAINE

FARAH

JESS

RASHID

TAHIR

And others

Setting

The majority of the action of the play takes place at Park View School and various locations across Birmingham.

Performance Notes

Trojan Horse uses a variety of different story telling techniques, most prominently direct address and re-enactment.

/ towards the end of a line indicates when the next character should start speaking.

Text in the left hand column is set in the past and performed within the scenes. Text in the right hand column is set in the present day and is spoken outside of the scenes, unheard by the other characters.

Act 1

1. THE VERDICT

Summer Term, 2016. National College for Teaching and Leadership.

PANEL CHAIR: Mr Rashid Wasi, please stand.

RASHID:

I'm a terrorist. I'm an extremist. I am the Trojan Horse. I infiltrated schools to push my hardline, Islamist agenda. I shouldn't be near your children. Don't let me through your school gates. Big bad Muslim man gonna huff gonna puff gonna blow your school up.

2. THE WALK TO SCHOOL

Autumn Term, 2013. FARAH's house.

FARAH'S MUM: *(Punjabi, off.)* Farah, you're late!

FARAH: *(English.)* Alright mum, I'm going, I'm going.

(English.) First day of year 7 I like went into my parents room and I was like 'I'm wearing a hijab to school.' And my dad was like 'Course you are, there was never

any question about that.'
Suddenly, I like didn't feel
like wearing it anymore.

By the time I was in year 10
I had like my routine down.
I'd like put my hijab on to
leave the house, but when
I like reached the school gate
I'd like take it off, stuff it in
my bag and it would like stay
there till home time.

FARAH'S MUM enters.

FARAH'S MUM: *(Punjabi.)* Have you had any breakfast?

FARAH: *(English.)* I'm not hungry.

FARAH'S MUM: *(Punjabi.)* Eat this.

FARAH'S MUM leaves.

FARAH: *(English.)* There used to be
documentaries about how
like shit my school was.
When my parents were like
students there, Park View
was ranked like not just the
worst school in Birmingham,
but like the worst in the
country. The year mum
and dad left, like one pupil
passed their GCSEs. One.

By the like time I went there, things were like totally different. The school had like completely turned around.

FARAH'S MUM: *(Punjabi, off.)* Hurry up!

FARAH: *(Punjabi.)* I said I'm going!

FARAH leaves. She walks down Alum Rock road.

I honestly wouldn't have survived without Park View. Growing up, my home life was like total shit. Six of us in a two bedroom house. And it wasn't like a happy house. I shared one room with my two younger brothers, my parents were like in the other and my grandad was on like the mattress downstairs.

When I started Park View I was like spiralling. I would like bunk off, smoke, sign my own planner. I was always in the red zone. It was Mr Wasi who like brought me out this like complete rut I was in. He like, called me out on what I was doing. And properly questioned why I was doing it. I know this sounds lame but he like made me a better person.

FARAH arrives at the school gates. FAIZAN, HINA, RUKHSANAH and WASEEM are waiting for her.

RUKHSANAH: You got the fags?

FARAH: Well, nobody's perfect.

FARAH passes RUKHSANAH fags, who then passes them along the line to the other kids. FARAH takes off her hijab.

3. THE MEETING

Autumn Term, 2013. Birmingham City Council.

ELAINE: Education policy is a complete fucking mess.

SECRETARY 1: Can I help you?

ELAINE: Elaine Buckley. I've got a 9 o'clock with Councillor Jess Murphy.

SECRETARY 1: You'll need to sign in.

SECRETARY 1 hands ELAINE the sign in sheet.

ELAINE: And it was Margaret Thatcher who fucked it. She believed there's no such thing as society – there's just a market place. That included education, obviously. Well, if education's a market place, who's the customer? Parents. Parents are the customer. Well, open your fucking

eyes Maggie and look what your market does when your customers are hardline Pakistani Muslims in East Birmingham.

ELAINE hands the sign in sheet back to SECRETARY 1 who passes her back a name badge.

SECRETARY 1: Follow me.

ELAINE follows SECRETARY 1 and they both get in the lift.

ELAINE: In France, because it's a secular society, head teachers can find a posh French way of saying to Muslim parents 'S'il vous plaît, Fuck off.' But in the UK, because there's no such thing as society we live in this post multicultural, post racist world where we've got to accommodate every fucking individual. So at what point can I as a head teacher say to Muslim parents 'Hang on, your demands are over the fucking line?'

They leave the lift.

SECRETARY 1: Take a seat.

SECRETARY 1 leaves.

ELAINE: Maggie Thatcher lives on in her Horcrux, Michael Gove. When he became Education Secretary the first thing he

pushed for – and pushed for hard – was the acadamisation of state schools. Within his first two years more than half of schools had become or were on track to become academies.

Basically, academies empower communities to run their own schools. The curriculum? They set it. The teachers? They decide. Now, because of academies, these Muslim parents had agency. They were able to become active on a much bigger scale.

Despite several strongly worded emails, I couldn't get a meeting with Gove so instead I went to see / Councillor Murphy.

SECRETARY 1 enters JESS' office.

SECRETARY 1: Councillor Murphy, your 9 o'clock is here, / Elaine Buckley.

SECRETARY 1 leaves.

JESS: Elaine Buckley was already on my radar. Before I started, she'd fallen out with the governors at her old school and the council negotiated her redundancy package.

When she asked for a
meeting, I was quite new to
local politics. I wasn't even
supposed to win my seat.
Selly Oak's a student area
so at the time it was a Lib
Dem strong hold. But then
Nick Clegg sold his soul to
the Tories, tripled tuition fees
and I accidentally won by a
landslide.

We'd barely taken the
election posters down when
Albert Bore, Leader of the
Council, asked if I'd like
to be Head of Children's
Services. I was 25 at the time
and thought 'Why not? I'll
give it a bash.'

I started the job 2 years into
Gove's regime of terror.
He was telling councils to
take their cold dead hands
away from academies. That
was the rhetoric at the time
– local authorities are in
decline, academies are on the
rise, you're going to shut up
shop and we're going to have
a free market.

When Elaine knocked on my
door, I honestly didn't know
what I was walking into.

Sometimes now I look back
and I just can't believe the
storm.

ELAINE enters JESS' office.

ELAINE: Thanks for taking out the time.

JESS: No worries. Has someone offered you a coffee?

ELAINE: I'm fine.

JESS: Tea?

ELAINE: I'll keep this brief. There's a serious problem in Birmingham.

JESS: Okay…

ELAINE: Pushy parents and governors are making more and more unreasonable requests and headteachers are finding it difficult to know where to draw the line.

This is about religion. A lot of Muslim parents have very specific requests. Separate swimming lessons for boys and girls, collective worship during school time, some things that

are fair enough but other things that are less clear.

JESS: Right…

ELAINE: It started in Alum Rock. But now these pushy parents and governors are forming a network. They're sharing tactics to take over more and more schools.

JESS: Okay, that's quite an allegation. Surely Ofsted would have -

ELAINE: But there's your problem. Ofsted haven't noticed. Because if Ofsted grade you as an Outstanding school, how often will they then come in? Potentially, never.

So if the school governors can work out how to get good English and maths results, Ofsted will grade them Outstanding and leave them alone. They don't care if the school is teaching children about Jihad and how to make IEDs and load a Kalashnikov. As long as they're getting good English and maths results.

One man is at the centre of it all. Tahir Alam. He's head of governors at Park View Trust, now running three schools – Park View, Golden Hillock and Nansen Primary.

JESS: I know Mr Alam. We employ him as a governor trainer.

ELAINE: Exactly. He appears to be official, but he's always just the right side of dangerous. A powerful figure within the Muslim community – incredibly well connected.

JESS: You seem very certain about all of this…

ELAINE: I'm certain because it happened to me. I was bullied out of my last school and now at my new school it's starting to happen again.

Tahir Alam has cooked up this plan. Infiltrate schools, get your own guys on the governing body, bully the headteacher out. Suffocate them, strangle them, kill them with

the death of a thousand cuts. Then, once the headteacher's gone, you get your own guys in and bam – you're running the show.

4. URDU

Autumn Term, 2013. Park View School.

RASHID: Waseem, what did you do at the weekend?

WASEEM: *(Urdu.)* I went to the cinema with my friends. The film was magnificent but now I'm quite tired.

RASHID: *(Urdu.)* Great, Hina?

HINA: *(Urdu.)* I went to Cadbury World and ate too much chocolate which I deeply regret.

RASHID: *(Urdu.)* Sounds delicious. Farah? Farah? *(English.)* You're in year 10 now, there's no time for messing around.

FARAH: Sorry sir, Rukhsanah was distracting me.

RUKHSANAH: Then how come I heard the

question? *(Urdu.)* At the weekend I got some friends together, we went to the park which was really fun and while we were there, we played mini golf.

RASHID: *(English.)* You're off the hook, Rukhsanah. Farah, see me at the end.

FARAH: Are you kidding me?!

RASHID: Okay, next question – in your exercise books, using the conditional tense talk about what you hope will happen next weekend. 5 minutes and we'll feedback.

I could always spot the kids that were lost, to be honest with you. I grew up a couple of streets away from here in Alum Rock and I was that student. Lost.

My parents were never around, my mum was a full time seamstress and my dad worked as a taxi driver, factory worker and a security guard. As a family, we only ever saw each other on

Sunday mornings. Mum and
dad would ask me and my
brother how we were and
we'd lie. They did their best
but it wasn't enough.

No parents, no teachers
that gave a shit, me and my
brother were in no mans land
to be honest with you. We
bunked school and dossed
around. Our speciality was
stealing cassette players from
shitty old cars. I left year 11
without any GCSEs, I had
no direction. I got a crappy
job at Carphone Warehouse
and thought that was my
life. School failed me, so
I failed it.

If I hadn't met Tahir Alam
I'd still be lost to be honest
with you. Tahir came into
Carphone Warehouse to
upgrade his contract or
something. We ended up
chatting and I remember he
said 'What are you doing
for society?' And I couldn't
really answer him to be
honest with you. Before I
knew it, I was back at school.
But this time I wasn't failing.

I qualified to be a teacher
5 years later. And in those

5 years I completely changed my life. For the first time I had direction, I had purpose. Tahir was chair of governors at Park View and he told me about a position there. When I got the job, I also become a governor. Not just at Park View, but at Nansen Primary and Golden Hillock. You can't affect change from the bottom of the food chain. I was determined to climb to the top.

I look at my brother now, and I'm thankful that's not my life. Because when you're a kid that's lost, you can go one of two ways to be honest with you. You can stay lost, or you can be found.

FARAH: Finished, Mr Wasi.

RASHID: Very good, Farah. Let's feedback.

5. THE LETTER

Spring Term, 2014. Birmingham City Council.

JESS: I would never say this publicly, but if wasn't for my meeting with Elaine Buckley I wouldn't have taken it seriously. Honestly, at the council, we got weird letters

all the time. Anonymous hate mail, long rambling post cards about the bins – you name it, we've had it.

ALL: Step 1.

FARAH: Identify your school.

JESS: But it was a week after my meeting with Elaine when this letter turned up on my desk. And it confirmed everything she'd said. It appeared to be from one Muslim parent in Birmingham to another in Bradford boasting about Tahir Alam's successful 5 step operation to take over Birmingham schools.

ALL: Step 2.

WASEEM: Select a group of Salafi parents.

JESS: I took it to West Midlands Police. They investigated it and concluded there was nothing of concern.

ALL: Step 3.

HINA: Mobilise these parents to take over the governing body.

JESS: I showed it to Ofsted, but they believed the letter

was an attempt to stir up community tension and investigating it would cause more problems than it would solve.

ALL: Step 4.

FAIZAN: Identify key Muslim staff to disrupt the school from within.

JESS:

I talked to Albert, leader of the council, and we decided not to take it any further. No one seemed to think there was anything in it.

ALL: Step 5.

FARAH: Remove the head teacher.

JESS:

Whoever wrote that letter clearly wasn't happy with our response. They went nuclear. All of a sudden, it was the headline of every newspaper in the country.

It wasn't long before everyone in Birmingham had read it. The subject heading of the letter?

ALL: Trojan Horse.

Act 2

1. THE GOVERNORS

Spring Term, 2014. Park View School.

The press all fire questions at TAHIR, including: 'Mr Alam, are children being radicalised at Park View?' 'Do you deny the allegations?' 'Is there a plot to Islamise schools in Birmingham?' 'Will you be resigning, Mr Alam?'

TAHIR faces the press.

TAHIR: The Trojan Horse
letter is a hoax. It is
unsigned, undated
and its claims are
unsubstantiated.

At Park View, we are
appalled quite frankly
at the allegations
levelled against us and
the way we have been
misrepresented. Park
View does not tolerate
or promote extremism of
any kind.

The problem here is
not radicalisation or
religious indoctrination,
the problem here quite
frankly is the knee jerk
reaction of the press.

The press erupt. TAHIR enters Park View.

When I was elected chair of governors in 1996, I didn't have a clue about running a school. But I was determined to make a difference. I went round and systematically sat on every single committee, forum, overseeing panel and supervisory board in Birmingham until I was an expert.

RASHID enters.

RASHID: As-salāmu ʿalaykum

TAHIR: Wa ʿalaykumu s-salām

When I started at Park View, teachers expected the kids to open up a corner shop or become a taxi driver.

RASHID: The governors are waiting for you.

TAHIR: Frankly, I turned the school around. And the other schools within the Park View Trust.

RASHID: We're in the hall.

RASHID leaves.

TAHIR: Park View, Golden Hillock and Nansen Primary all began producing future

surgeons, engineers, lawyers.
Kids who were previously
written off left school
confident, well rounded, with
superb grades and the chance
to excel in life.

Park View went from
being a failing school to
an Outstanding one. The
number of students getting
5 GCSEs grade A*-C,
including maths and English,
went from 4% to 76%. In a
school where almost every
child is Muslim and where
the majority of students are
on free school meals that is
quite frankly unheard of.

15 years pulling these
schools together. And in one
afternoon, everything had
fallen apart.

TAHIR enters the hall.

GOVERNOR 1: You need to resign, Tahir.

GOVERNOR 2: Your name is everywhere.

GOVERNOR 1: Every paper.

GOVERNOR 2: Every news channel.

GOVERNOR 1: There's your face next to a picture of Park View and the words: 'Extremist' 'Jihadi' 'Indoctrinating children.'

GOVERNOR 3: You can't win this.

TAHIR: No one gave a monkeys about these schools when they were failing our children for decades. I will not be made to feel like a criminal for what I have done. I will not step down.

2. SURVEILLANCE

Spring Term, 2014. Park View School.

FARAH: Walking past the cameras was shit, but like being profiled was like nothing new. A few years before the press turned up at our school gates, the government like installed CCTV on Alum Rock road, looking for terrorists. The cameras would like follow you as you walked past.

Panning shots of scary Muslims. That image is like so ingrained. It's on the news

every night, it's like sitting in your pocket on your phone. It's under your skin. If you see enough images, you're gonna believe them. If you stand in the rain long enough, you're gonna get wet.

RUKHSANAH enters.

RUKHSANAH: What the hell man?

FARAH: They're everywhere.

RUKHSANAH: Appaz they've been going up and down Alum Rock Road, randomly knocking on doors. Did you see the helicopters circling the playground?

FARAH: What are they looking for?

RUKHSANAH: They're trying to make us look like terrorists.

FARAH: Well it's working. Yesterday I like got the bus to town. I was like wearing school uniform and like literally everyone was starting at me. Like I had a bomb in my backpack.

RUKHSANAH: We need to get out of Alum Rock man.

FARAH and RUKHSANAH enter Mr Wasi's classroom.

FARAH: Ever since year 7, I was waiting and waiting for the day I could leave Alum Rock. My brother had left year 11 with like all A*s and gone to uni. I wanted that. GCSEs were his ticket out of here, and I was determined to make them mine. After school revision, weekends perfecting my coursework – whatever it took.

I told my parents last night that I'm like gonna apply for uni. Dad was like 'Course you are, there was never any question about that.' I was like 'You don't understand, I'm like going somewhere as far away as possible and I'm never coming back.'

RUKHSANAH: What did they say?

FARAH: They hit the roof. They asked if there was a boy.

RUKHSANAH: Did you tell them there's a girl?

Beat.

FAIZAN, HINA, and WASEEM enter.

FAIZAN: Ofsted are in!

WASEEM: / Ofsted are in!

HINA: Ofsted are in!

FARAH: No way – I love inspections man, the teachers turn into freaks.

WASEEM: Mr Wasi's fuming. They've asked the school to put on a buffet.

RUKHSANAH: Oh my days that's so bad.

HINA: Who's going to tell them it's Ramadan?

FARAH: It's one thing when the surveillance is outside the gates, it's another when it comes into the school. Later that day, I overheard one inspector like talking to Mr Wasi about extremism.

RASHID enters.

RASHID: Did I say you could use my classroom for a mothers' meeting? You're late for assembly. Get a move on.

FAIZAN, FARAH, HINA, RUKHSANAH and WASEEM leave.

Two years before, the head of Ofsted, Michael Wilshaw, came into Park View and graded us Outstanding. He praised our assemblies and the call to prayer. In fact, he stood up at a national conference and said, 'Every school in the country should be like Park View.'

Now he was back but everything had changed. An entourage of inspectors raided classrooms, looking through lockers, text books, governor minutes that dated back 20 years. They turned the school upside down.

At the end of the first day of Ofsted's inspection, Michael Wilshaw pulled me into an empty classroom. He started firing questions at me like -

HINA: 'Have you narrowed the curriculum?'

RASHID: And -

WASEEM: 'Do you segregate boys and girls?'

RASHID: And -

RUKHSANAH: 'Are students forced to pray?'

RASHID: And -

FARAH: 'What would happen if a child in your school was LGBT+?'

RASHID: And then he said 'Looking at your exam results, I must admit -'

ALL: 'They are at least good.'

RASHID: And I just blew my top to be honest with you. I said 'No. They are outstanding.'

The next morning, Wilshaw called a group discussion with some teachers. I turned up but he wouldn't let me in. Apparently I'd been too aggressive. And you know what? Looking back, I'm proud of that to be honest with you.

People in positions above mine were trying to be polite and accommodating. They thought they could win these people over with professionalism. We should have all just blown our tops and chucked Ofsted out to be honest with you. Professionalism, putting

forward the best professional case was pointless. Michael Wilshaw wasn't there to be independent. He was phoning Gove from the playground for goodness sake.

All failing academies become the direct and personal responsibility of Michael Gove. He can remove governors, dismiss staff, even close down the school. That's why Wilshaw had to fail us.

He put the Park View Trust into special measures. We went from a grade 1 to a grade 4. And he wouldn't answer my question – what exactly had changed since his last inspection? No new evidence, but a totally different conclusion.

3. THE SELECT COMMITTEE

Spring Term, 2014. Houses of Parliament.

JESS: After the Trojan Horse letter was leaked there was so much noise and so many allegations. The main foghorn was Telegraph reporter, Andrew Gilligan. Who was he best mates with? Michael Gove.

SECRETARY 1: Here's your coffee.

JESS: Gilligan was printing a new article every week. We needed to reclaim the narrative so we launched an official council inquiry into Trojan Horse.

What we didn't anticipate was that Michael Gove would refuse to play ball. He didn't trust Birmingham City Council so he set up his own investigation, run by Peter Clarke. Who was Peter Clarke best mates with? You guessed it, Michael Gove.

Two inquiries running at exactly the same time investigating exactly the same thing.

SECRETARY 2: Here's your morning briefing.

JESS: Now I've never had an issue with Peter Clarke's credentials. He's incredibly qualified you know, great track record. But he was the head of Counter Terrorism at the Metropolitan Police for Christ's sake. Appointing him sent out a very clear message about what Gove was looking for.

SECRETARY 3: Here are your notes.

JESS: I put on my power suit, channelled Hilary Clinton, and got the train to Westminster.

Over a cup of coffee, which I did my best not to spill, I gently said to Michael Gove 'Look, at worst, this is small local politics between some governors and some head teachers who aren't seeing eye to eye. It would be really, really helpful if you could avoid using words like 'Extremism' and 'Radicalisation' when talking about Trojan Horse.'

SECRETARY 4: Ready?

JESS: And Gove said 'Absolutely. I completely agree.' But the next day, he's talking about about the 'Draining of swamps' and the 'Islamisation of schools.'

ALL: Councillor Murphy.

MP 1: Thank you very much for coming.

JESS: Then, as if two reports weren't enough, I was called to a Parliamentary select committee.

MP 1: We are here today
to discuss the issue
of extremism in
Birmingham schools.
Specifically at the three
schools in the Park View
Trust.

JESS: A select committee is a panel
of MPs who very personally
and very publicly tell you
where you've fucked up.

MP 2: The allegations from
whistleblowers circulating
in the press are very
serious.

JESS: But I decided, we haven't
fucked up thank you very
much and I wasn't going to
take it lying down.

MP 2: Do you accept their
accusations of extremism
entering the school
system in Birmingham?
And if so, why didn't
Birmingham City Council
spot this sooner?

JESS: First of all, I would
like there to be some
consensus about what
we mean by extremism.
To me extremism means
practices are forced on
pupils against their will.

I do not see any evidence of any practices within these schools being forced.

MP 2: What about the introduction of religious assemblies?

JESS: If you think religion shouldn't be a part of the education system, then I agree with you. Unfortunately, that's not what the law says.

Since 1944, primary legislation – every state school in England must have a daily act of collective worship that is broadly Christian. That is the law.

So, in a 99% Muslim school, Park View got a determination. All that means is, rather than having to have a collective act of Christian worship, they had an Islamic one.

MP 2: But most schools don't have a daily act of collective worship.

JESS: Well then most schools
are ignoring the law.
Which, if anything, is
proof that Park View
is actually behaving
more lawfully than most
schools.

MP 3: What about allegations
that the call to prayer is
broadcast over a tannoy
during the school day?

JESS: The tannoy system was
installed at the request
of students and parents.
It has been in the school
since 1998. Ofsted have
visited many times since
then and always praised
the school for catering
to the needs of Muslim
children.

MP 3: But do you believe
it creates a culture of
fear where children feel
forced to pray?

JESS: If that's the case then
why, according to Ofsted,
do only 10% of kids turn
up to lunch time prayers?
To me 10% doesn't
suggest a culture of fear.

MP 4: Do you believe there is
segregation of boys and
girls in Park View?

JESS: There is no substantial
evidence to back this
claim. But even if I
entertain that accusation,
it's important to examine
it in the context of
schools across the city.

I've got grammar school
foundations with separate
buildings for boys
and girls on separate
campuses with fences
and roads in between
them, learning different
curriculum with different
teachers.

We're comfortable
with that. But we're not
comfortable with it at
Park View because it's
Muslim segregation.

MP 1: But the accusations
suggest that it's not just a
matter of girls on one side
of the classroom and boys
on the other. It's girls at
the back and boys at the
front.

Does that not
demonstrate a lack of

value given to girls within
the school?

JESS: If that's the case,
then why every year at
Park View do the girls
outperform the boys?

MP 4: How do you explain
the fact that the Park
View Trust has taken over
two other schools in less
than a year?

JESS: Nansen Primary
and Golden Hillock
were failing schools.
The Department for
Education, the DfE,
asked Park View – an
Outstanding school –
to take them over and
improve them. This
is standard procedure
within the academy
system.

In fact, the DfE asked
Park View to take over a
third school, Al-Furqan.
Park View refused on the
grounds that Al-Furqan,
an Islamic school, valued
faith before academic
success.

ALL: Councillor Murphy.

MP 1: From what you've told us today, everything at Park View is hunky-dory and the teachers and governing body are being victimised. Is that correct?

JESS: If you want to boil it down to a single sentence, no, not everything is hunky-dory; not everything is hunky-dory in any school. But I am yet to be presented with any evidence of extremism.

However, we are still waiting for the Ofsted reports, the Council's Inquiry, and Peter Clarke's Inquiry and I would not like to prejudice the outcome of those.

4. THE WITNESS

Summer Term, 2014. Peter Clarke's Office.

ELAINE presses the door buzzer.

ELAINE: I tried to warn Birmingham City Council about Trojan Horse but did they listen? No. Why? Because they were scared of being called racist.

I am not a racist. I have lived and worked within these communities all my life. I would actually class myself as being a specialist in teaching kids from the Muslim community.

ELAINE presses the buzzer.

Fear of saying the wrong thing, fear of being racist, meant that every time something kicked off between Muslim governors and a head, Birmingham Shitty Council were always waiting to negotiate the head's redundancy package and serve them a gagging order. There were hundreds and hundreds of these deals. Countless horror stories being swept under the carpet.

We can't just say to all the Pakistani Muslims in Birmingham, here, do what you want with your education system. Because if you went to a village in Kashmir which half of the population wouldn't even go to school in the first place? It's the girls! You're gonna let that lot run our education system? Bog off!

ELAINE presses the buzzer.

21 schools were being inspected by Ofsted for extremism, and one of those schools was mine. Finally, Gove brought in someone who would listen. Who wasn't afraid to draw the line.

SECRETARY 5: Hello?

ELAINE: Peter Clarke's expecting me.

5. URDU 2

Summer Term, 2014. Park View School.

RASHID*:* Right, everybody. Be respectful of our guests – answer any questions they might have. But otherwise, it's business as usual.

FARAH: I told you inspections turn the teachers into freaks.

RASHID: Everyone get out your homework and swap it with the person sitting next to you. Let's see how you did.

RASHID writes the answers on the board.

FARAH: When Ofsted left I like thought that was it. But more and more inspectors just like kept on coming. First, the Education Funding Agency, whoever they are. Then Price Waterhouse Cooper, this like huge accountancy firm. There were like suits crawling all over the school.

Sir, can I go toilet?

RASHID: No. You've just had breaktime.

FARAH: None of my like white teachers had been observed, but every single asian teacher with a beard had like three inspectors at the back of their class. And Mr Wasi's Urdu lesson wasn't any different.

Please, Sir. I need to go.

RASHID: I said no, Farah.

FARAH: There was this one inspector from the Education Funding Agency, Ann Connor, who we'd like nicknamed Ann Summer's and earlier that day I like accidentally said it to her face and it was like so awkward.

Anyway, in Urdu she was like stood right by my desk

and I could like see her clipboard. She was taking a like tally of how many girls in the class were wearing headscarves. I just felt sick. Honestly. I just had to get out.

Sir, I need to go, I'm on my period. I think I'm leaking.

RASHID: Fine. But be quick.

FARAH: I was on my way to the toilet when I like heard footsteps behind me. It was Ann Summers, she'd followed me out the classroom. She was like -

ANN: Have you got a minute?

FARAH: And then she started asking me all these weird questions like -

ANN: Isn't it a bit hot to be wearing long trousers?

FARAH: And -

ANN: Are boys and girls made to sit separately?

FARAH: And -

ANN: Who forces pupils to wear the hijab?

FARAH: And at that point I just flipped I was like –

I take my hijab off to come to school. My dad wants me to wear it, but the teachers don't give a shit, coz this isn't an Islamic school. Mr Wasi is always like, 'Don't worry Farah, I won't tell.'

ANN: Alright -

FARAH: People like you think that like Muslims are like oppressing their women. Have you ever even studied Islam?

When someone asked the Prophet Mohamed, peace be upon him, who they should respect he said 'First your mother, second your mother, third your mother and fourth your father.'

ANN: Okay -

FARAH: Do you know what else he said? He was like 'The path to heaven lies at the feet of your mother.' Islam actually teaches men to respect women.

ANN: I need you to calm down.

FARAH: Last summer, 2 students were selected to go visit NASA. Fucking NASA.

ANN: That's enough.

FARAH: They were both girls. One of them wore a hijab, the other didn't, if you want that for your tally chart.

Now if you don't mind, I'm about to get toxic shock so I'm not answering any more questions. Goodbye.

6. THE GOVERNORS 2

Summer term, 2014. Park View School.

TAHIR: We knew Ofsted were in the pocket of Gove, but we thought the EFA, the Education Funding Agency, would give us a fair trial.

RASHID: As-salāmu ʿalaykum

TAHIR: Wa ʿalaykumu s-salām

They were our sole funders. Without the EFA we couldn't

pay our staff, our bills, anything.

The governors are waiting for you. We're in the hall.

The result was due to be published that evening so we called an emergency governors meeting.

RASHID: We have to think realistically about what to do if this doesn't go our way.

TAHIR: We'll fight it. We'll appeal.

GOVERNOR 3: How?

TAHIR: We'll hold a press conference. We'll publicly reject Ofsted and the EFA's findings.

GOVERNOR 1: The press have branded you a radical.

TAHIR: I'm doing everything I can to clear my name.

ELAINE turns out of the scene and gives evidence to Peter Clarke.

ELAINE: I'm happy to contribute to your report, Peter. But this is definitely going to be anonymous?

GOVERNOR 1: It's too late, Tahir.

ELAINE: And you're guaranteeing me witness protection?

GOVERNOR 2: We've always stood behind you, but now we need an honest answer.

GOVERNOR 1: Is the Trojan Horse letter real?

ELAINE: The letter proves everything.

TAHIR: No.

ELAINE: This is planned, this is covert, this is organised.

TAHIR: That letter is a forgery. It's bogus. Before Michael Gove became education minister he wrote a book, Celcius 7/7. In that book there is a chapter that warns of a grassroots Islamic movement. Do you know what that chapter is called? Trojan Horse.

ELAINE: It happened to me.

TAHIR: Michael Gove invented this conspiracy theory. And quite frankly,

someone is now making us look like a bunch of monkeys. Using Gove's rhetoric to make him listen.

ELAINE: I was pushed out.

GOVERNOR 1: But there are things in the letter we know to be true. A lot of headteachers in Birmingham have been made redundant.

TAHIR: I appointed the executive and the head at this school. A white, atheist woman and a Sikh. Frankly, if there's a plot to remove heads – which I'm supposedly at the centre of – why have they both been here for over 15 years?

ELAINE: Normally, governors are a bunch of harmless fruit cakes and worthies and numpty volunteers.

GOVERNOR 2: But what about headteachers who've been removed from other schools? By governors you've trained?

TAHIR: Sometimes head
teachers are not up to
scratch.

ELAINE: A good headteacher
knows how to manipulate
their governing body.
You're practically taught
that in training. They
should never be in charge
of the day to day running
of the school.

TAHIR: Like Michael
Wilshaw and Michael
Gove have both said
on several occasions -
sometimes head teachers
need to be challenged.

ELAINE: But the governors
at my last school were
bullies. Honestly,
Peter. I had no way of
controlling them.

TAHIR: Sometimes head
teachers just want an easy
ride.

ELAINE: Every week there
was niggling and pushing
and questioning. It was
mostly coming from
Rashid Wasi. He was
the most vocal governor
at my last school. And

I'm certain he was being
coached by Tahir Alam.

He kept saying 'Look at
the figures look at the
figures look at the figures.'
40% of the kids were
passing – but still Rashid
kept saying 'The results
aren't good enough.'

TAHIR: I know of a governor
at one school where the
head celebrated a 40%
pass rate. I mean a good
start but she seemed to
think 'Brilliant! Job done.
Let's go to the pub.'

I remember thinking,
'You need to temper
your celebrations. 40%
pass rate means that
you've failed 60% of your
students.'

ELAINE: This is a community
where the majority of
kids don't use English at
home, who come from
a family who are 1st or
2nd generation living in
the UK.

Their parents don't have
the experience of going
through our education
system. There were lots of

factors that contributed to the results being the way they were.

TAHIR: She would often problematise families and communities: 'The family is unsupportive, the culture at home isn't right.'

Quite frankly, this is what failing headteachers always do when it's about Muslim children. They problematise the families. They rarely ever problematise themselves.

ELAINE: One morning, hoards of parents and governors were waiting outside the school gates. They were stood with banners and placards, calling for me to be sacked.

I remember Yunis, a year 11 boy I'd known since his first day of year 7, was in the playground holding a sign: 'Mrs Buckley's failing me.' It was really aggressive and really public – and, yeah, it was really fucking personal.

TAHIR: It's not easy, and
some people don't like to
hear it – nobody likes to
hear they're not doing a
good enough job.

ELAINE: The protest
happened on the Friday -

TAHIR: But for every year
we're polite to each
other -

ELAINE: And that afternoon
I walked out of school -

TAHIR: Is another year we're
failing our children -

ELAINE: And I never went
back. They got what they
wanted.

TAHIR: Are some governors
bullies? Absolutely.
And that's completely
unacceptable. But I am
not responsible for every
Muslim governor in every
school in Birmingham.

ELAINE: Now I'm head of a
different school and it's
happening all over again.
Well this time, I refuse to
be pushed out.

TAHIR: I will not apologise
for training governors

to hold head teachers to account. Because, at the end of the day, that is the job of a governor quite frankly. Legally, that's what we're required to do.

RASHID checks his phone.

RASHID: The EFA report is out. It's bad news. They're threatening to cut our funding.

GOVERNOR 2: How much?

RASHID: All of it.

Beat.

They say the Ofsted result is 'Of grave concern'. And their own investigation has reached the same conclusion.

GOVERNOR 1: We need to be seen to be doing something.

GOVERNOR 2: If we show we're responding, taking the EFA's concerns seriously, there's a chance they won't cut our funding.

GOVERNOR 1: You need to resign Tahir.

GOVERNOR 2: You have to go.

GOVERNOR 3: It's the only option.

TAHIR: Is this how you all feel? Rashid?

Beat.

RASHID: Everything you've ever done for this school has been selfless. Don't be selfish now.

TAHIR faces the press.

The governors become the press. They erupt. 'Will you now admit there is something seriously wrong at Park View?' 'Why are you so interested in children?' 'Do you accept the Ofsted and EFA findings?' 'Will you be resigning Mr Alam?'

TAHIR: The staff, students and parents at Park View wholeheartedly reject Ofsted's grading and the EFA's findings. This is categorically not a failing school.

Inspectors came to our schools looking for extremism, looking for segregation, looking for proof that our children have religion forced upon them as part of an Islamic plot. The Ofsted

and the EFA reports find
absolutely no evidence
of this because this is
categorically not what is
happening in our schools.

The Park View Trust will
be appealing. In order
for them to focus on this,
I will be standing down
as chair of governors. I
will not be taking any
questions.

7. REVISION

Summer Term, 2014. Park View School.

FARAH: Life at home was total shit.
I'd always like relied on
the extra stuff at school so
I could like stay behind at
the end of the day.

Homework club, helping Mr
Wasi like tidy the classroom,
even cross country club –
and I like hated running.
Any excuse to stay in school
that extra hour longer.
But like around that time
everything stopped.

RUKHSANAH: Farah?

FARAH: I'd never like questioned
my relationship with Allah
before. But since Trojan

Horse, I'd like started to feel more detached.

HINA: Farah?

FARAH: The call to prayer used to be something like beautiful in the playground. Every day when it like started there would be this huge like sense of calm. It feels like you're in a trance.

FAIZAN: Farah?

FARAH: But now, when it like played, I just felt like angry. It reminded me of everything, it was like deafening and I like wanted it to stop.

WASEEM: Farah?

FARAH: I like needed my school, I needed my faith. And it was all like crumbling around me. I couldn't help asking myself – am I being radicalised?

ALL: Farah?

FAIZAN, HINA, RUKHSANAH and WASEEM enter.

WASEEM: There you are.

RUKHSANAH: Waseem's been looking for you all over.

WASEEM: Wanna go cinema later?

FARAH: No thanks.

WASEEM: Bowling?

FARAH: No.

HINA: I'm free -

FAIZAN: I told you she wasn't
interested. Let's go.

HINA: We could go Star City.

FAIZAN, RUKHSANAH and WASEEM enter.

RUKHSANAH: Are you
planning to spend all
lunch in here?

FARAH: I'm revising.

RUKHSANAH: You've got
a whole year before
exams you nerd. And
it's last week of term.
Give yourself a break.
I brought you these.

RUKHSANAH chucks FARAH some crisps.

Have you told your
parents yet?

FARAH: No.

RUKHSANAH: You should.
My mum doesn't really
get it, but she's trying.

FARAH: Yeah but your
mum's like different. My
dad slaps me when I've

not like done the washing up. Imagine like telling him I'm gay.

RUKHSANAH: If he loves you he'll understand.

Beat.

Alright, you stay here in the closet. I'm going outside.

FARAH: Can't you stay up here? With me?

RUKHSANAH kisses FARAH on the cheek and leaves.

How can my dad understand when there isn't like a word for it? In the like Quran – there isn't a word for gay. The only mention of same sex relationships is sodomy. What's sodomy? Rape. The only word that explains who I am, is a word that means violence and shame.

I knew my dad would like never accept me. He would always like choose his version of Islam over me.

RASHID enters.

RASHID: Did I say you could use my classroom as a private library?

FARAH: Sorry, Sir.

RASHID: Everyone else is in the playground. Why aren't you?

FARAH: All my friends are just like messing about and everyone is like trying to set me up with Waseem. I'm just like not interested.

RASHID: Alright, I'll let you off.

FARAH: Do you want to know what I am interested in?

RASHID: Of course.

FARAH: Girls. Please don't like say anything, Sir. If my dad finds out, he'll literally like kill me.

RASHID: Don't worry, Farah. I won't tell.

8. THE LEAK

Summer Term, 2014. Birmingham City Council.

JESS: David Cameron threw a spanner in the works. The general election was looming and Michael Gove was the most unpopular man in the country. So in the 2014

cabinet reshuffle, Gove was shuffled out.

A little birdie told me, when he left his office for the last time, he had something tucked under his arm. The Peter Clarke report was supposed to be confidential. But guess what appeared in the papers the day after Gove left his office?

I was coming out of a full council meeting when I got a Google alert. And I couldn't believe what I saw.

FARAH: 'There is clear evidence that at the Park View Trust, children are being encouraged to adopt a hardline strand of Sunni Islam.'

JESS: All of Clarke's conclusions laid out, point by point, for everyone to see.

FARAH: 'This raises real concerns about children's vulnerability to radicalisation.'

JESS: I went into my office and locked the door.

FAIZAN: 'Park View Trust has become an incubator

that breeds hardline attitudes and behaviours across other schools in Birmingham.'

JESS: How could I have missed this?

HINA: 'Birmingham City Council have failed to join up the dots. They've negotiated many head teachers redundancy packages, adopting a case by case approach when dealing with their schools. They have failed to see the bigger picture.'

JESS: The Clarke report didn't actually get to the heart of Trojan Horse. It gave us countless recommendations, endless structural changes, but it didn't actually answer the fundamental question – why is there one rule for Muslims and another for everyone else?

WASEEM: 'The clear conclusion is that there has been a co-ordinated, deliberate and sustained action of teachers and governors introducing an intolerant and aggressive

Islamic ethos into Birmingham schools.'

JESS: Looking back I wish the council had rejected the Clarke report. I wish we hadn't swallowed the pill. But no matter how much shit was hurled at us, no matter how much I doubted the allegations and the headlines, I felt like I had to believe the findings of the report were right. I had to believe in the system. Because otherwise, what else do we have?

I drafted it there and then. I went straight to the leader of the council's office and handed Albert Bore my resignation. But he rejected it. He gave me a far worse punishment. He made me stay and sort it out.

RASHID: The day the Clarke report was released, the Department for Education came to Park View and I was escorted to the head's office. They told me I was suspended, pending investigation.

I had to give back my ID, my laptop, everything. They told me I was still contractually

tied to Park View, so I couldn't speak to the press. A whole narrative was being constructed about me and I couldn't even defend myself.

HINA: Have you seen this?

FARAH: What?

RASHID: The Clarke report named me and Tahir. Suddenly, I was front page news, so all the journalists were digging for dirt. Eventually, Andrew Gilligan hit gold.

HINA: Mr Wasi's brother – he's a convicted terrorist.

WASEEM: Oh my days.

RASHID: When I found Tahir Alam, my brother fell into a different crowd to be honest with you.

Two years before Trojan Horse, he'd been convicted of distributing extremist literature at his book shop in Alum Rock. Literature that was found in the hands of the 7/7 bombers. Now, this was being used against me. As though terrorism was something that ran in our blood.

WASEEM: Oh my days, look at this.

FARAH: What now?

RASHID: The Park View Brotherhood was the name of a WhatsApp group.

WASEEM: Just look.

RASHID: There were about 40 teachers from school on it. And to be honest with you, I was one of the main people posting. Somehow, Peter Clarke got hold of it. That WhatsApp group ended up being an entire chapter in his report. So when the report got leaked, so did all our messages. Messages I'd written over a year before.

RUKHSANAH: 'No sisters on this group chat? They're in the kitchen getting Iftari ready. Perpetual role serving men.'

FARAH: 'Homosexuality is rife. Sign of the end of times. May Allah give us the strength to eradicate it.'

RASHID: As I was escorted out the school gates, it felt like I was

back in no-mans land. What
must my pupils think of me?

Act 3

1. BUNKING OFF

Autumn Term, 2014. FARAH's house.

FARAH'S MUM: *(Punjabi.)* Farah, you're late!

FARAH: *(English.)* Back off, mum!

When Mr Wasi and all the other teachers were like suspended, the school like totally changed. Every teacher was like supply and lessons were just like pointless – kids wouldn't like stay in their seats. We weren't like learning anything, we were just like running riot.

FARAH'S MUM: *(Punjabi.)* Have you had any breakfast?

FARAH: *(English.)* I'm not hungry.

FARAH'S MUM: *(Punjabi.)* Eat this.

FARAH: *(Punjabi.)* I said I'm not hungry!

Waseem wouldn't leave me alone, like following me

around the school all day and like Snapchatting me every night. One lunch time, he was like waiting by the vending machine, and as I walked past he like called me a dyke. So I just like grabbed him by the back of the neck and just like smashed his head against the glass.

Before Trojan Horse I would never, ever have done that. Coz I'd have known that like I'd be sent straight to the head and like expelled on the spot. But I just kept like smacking his face against the glass and like no one even did anything.

Eventually, some dinner ladies just like dragged me off him and that was it.

RUKHSANAH: You got the fags?

FARAH: Me and Rukhsanah started like bunking off.

RUKHSANAH: Are you ready to talk about it?

FARAH: About what?

RUKHSANAH: Mr Wasi?

FARAH: No.

We'd like go to the park, chain-smoke, sometimes like drink if we could get hold of it, and just like hang out till home time. What was the point in going to school anyway when we weren't even learning anything?

2. ANN CONNOR

Autumn Term, 2014. National College for Teaching and Leadership.

RASHID: Not long after I was suspended, the couriers started arriving. Each one had a different letter and each letter held a different charge.

PANEL CHAIR: Just to remind you, Ms Connor, you are under oath.

RASHID: Conspiring to Islamise schools, espousing homophobic views, making children vulnerable to extremism – the letters just kept on coming.

ANN: I don't understand the question.

RASHID: I was put on trial. The National College for Teaching and Leadership were going to weigh up the

evidence and judge if I was guilty.

ANN: Can you please rephrase the question?

RASHID: I didn't think I'd see Ann Connor again.

BETHAN: Of course.

RASHID: But her and the other EFA inspectors were the first people to take the stand and testify against me.

BETHAN: In your EFA report you talk about prayer mats and copies of the Quran all over Park View. Is that correct?

ANN: That's correct.

BETHAN: Did you see these yourself?

ANN: No.

BETHAN: Did any other Ofsted or EFA inspectors see them directly as part of their inspections?

ANN: I don't know. It came from the testimony of a witness.

BETHAN: Who?

ANN: I'm not going to give you a name.

BETHAN: Why not?

ANN: I don't want to drag someone into this without their permission.

BETHAN: And yet you had no trouble putting Rashid Wasi's name all over the Peter Clarke report? A report that was sent to Parliament and published online for the entire nation to see?

RASHID: The problem with Peter Clarke being Head of Counter Terrorism was that he knew nothing about education. Clarke didn't actually step foot inside a single school during his entire investigation. He got himself an educational advisor. Guess who? Ann Connor.

BETHAN: When reporting on these schools you specifically mention Islamic posters in the corridor. You fail to mention these posters were for Islamic Relief, one of the largest charities

in the UK. Do you recall what was next to them?

INSPECTOR 1: No.

BETHAN: Next to them were posters for Children in Need and Guide Dogs for the Blind. In your reports, why didn't you mention these other posters?

ANN: Peter Clarke and I were explaining to Parliament the issues around Islamic influence in the school.

BETHAN: You weren't explaining, you were exaggerating by excluding evidence, isn't that correct?

INSPECTOR 1: No.

RASHID: Ann Connor and her team provided a huge chunk of the evidence for Peter Clarke's report. As soon as my lawyer pulled at that evidence, it started to unravel.

BETHAN: You say here that Park View narrowed the curriculum and failed to prepare children for life in modern Britain. You back this claim

with evidence collected on a visit to the music department. You reported there were no musical instruments in the classroom. Is that correct?

ANN: That's correct.

BETHAN: Did you look in the cupboards?

INSPECTOR 2: No.

BETHAN: Did you ask the teacher where she kept the instruments?

INSPECTOR 2: No.

BETHAN: If you had, you would have been shown to a store cupboard full of musical instruments.

Beat

Ms Connor can I take you to folder 4, page 875? You'll find a picture of Park View children on stage at the National Exhibition Centre, singing with Pink Floyd.

Do you stand by your claim that this school did not allow participation in music?

Beat.

One last question.
You were the lead
educationalist for the
Clarke Report, weren't
you?

ANN: Yes.

BETHAN: And are you
aware of this document?
'Religious Education and
Collective Worship'?

ANN: I don't know it, no.

BETHAN: You don't know
it? It's the Department
for Education's current
guidelines, are you sure
you're not aware of it?

Beat.

This entire case is built
upon the conclusions of
the Clarke Report. This
document proves that
the teachers at Park View
were acting well within
the rules of the current
guidance. Set out by the
government.

So am I to assume, as
the educational advisor,
you didn't bring this
document to the attention

of Peter Clarke when he was formulating his views about the Park View Trust?

ANN: No. I did not.

BETHAN: Thank you. No further questions.

RASHID: My lawyer had worked on war crimes and said she'd never known anything as corrupt as this. After the first day of the hearing, she ended up sharing a cab to New Street Station with the prosecution. My trial start date had been pulled forward. In the cab, the prosecution told my lawyer the reason it had been rushed through was because Downing Street was putting pressure on the National College for Teaching and Leadership.

They'd been told, the trials had to start before the Tory Party conference that autumn. David Cameron wanted to put a line in his speech about cracking down on extremism in Birmingham. He wanted to point and say – look, the

trial's begun, we're doing something about these terrorists.

We were supposed to have 16 months to prepare for my first hearing. Instead we had 1. The trial should have happened consecutively, every day, over about 3 weeks. Instead, it was done a few days here a few days there, over 2 and a half years.

No job, no money, this undecided verdict hanging over me. It was the darkest time of my life, to be honest with you. It was trauma. It was like being in Barzakh. What Christians would call Purgatory.

3. ELAINE BUCKLEY

Spring Term, 2015. National College for Teaching and Leadership.

ELAINE: On Christmas Eve I got a letter. I'd been following the trials online but I was keeping well away. 16 teachers across Birmingham were facing charges about Trojan Horse and I needed to keep a low profile.

PANEL CHAIR: Calling Witness X.

ELAINE: This letter was addressed from the new Education Secretary, summoning me to be a witness at the trials. They said if I didn't comply voluntarily, they would go down the legal channels and make me.

PANEL CHAIR: Please take the stand.

ELAINE: The letter also said the entire transcript of my interview with Peter Clarke, all 144 pages of it, would be handed over to the very teachers I'd slagged off.

Turns out Clarke had no legal authority to grant me anonymity. My name was going to be released, my words were going to be released and there was nothing I could do.

I'll take an oath according to my faith.

I still remember opening that letter, that horrible piece of paper. I thought the government had come to protect me, but here they were – stringing me up.

I swear by almighty God that the evidence I shall

give to the panel should be the truth, the whole truth, and nothing but the truth.

I really, really didn't want to be there. Every bone in my body did not want to be there. I prepared my statement and with a shaky hand, read it out. Turns out, that was the easy bit.

BETHAN: In your witness statement you suggest my client, who was a governor at your last school, was a bully. Is that correct?

ELAINE: That's correct.

BETHAN: You suggest that he was one of a number of people who had an agenda to Islamise the school. Is that correct?

ELAINE: That's correct.

BETHAN: Mrs Buckley, in your time working in education, has there been a lot of change?

ELAINE: I suppose so.

BETHAN: Is conversation in the staff room the same as it used to be?

ELAINE: Generally speaking, no.

BETHAN: Have methods of teaching moved away from what you were taught 32 years ago in training?

ELAINE: I suppose so, yes.

BETHAN: Would you agree that the communities you serve now want a stake in their children's education? A stake in the world around them?

ELAINE: Yes.

BETHAN: No one is denying that governing bodies are changing just like the streets where you work are changing. That's demographics. That's fact.

We can all agree on the facts, but what you have read out today in your witness statement is your conclusion. You have concluded that this is a plot. An underhand, secretive coup.

I would suggest, with the same facts that we

all agree, there is an
alternative conclusion
– that when change
happens, it is human
nature not to like it.
Nobody likes to suddenly
find themselves in the
minority and it is human
nature to find someone to
blame.

You felt hard done by,
you felt sidelined, you
felt pushed out, you
concluded there was an
Islamic plot.

ELAINE: I'm sorry, what's
the question?

BETHAN: Can you accept
there is a different way
of framing this? Can you
accept, what you have
presented us with today
are feelings not facts?

4. THE STAND

Summer Term, 2015. National College for Teaching and Leadership.

RASHID: The first verdict came
through. One of my
colleagues at Park View
was found guilty of undue
religious influence in the
school.

That teacher sent out a freedom of information request for an earlier draft of his verdict. When it arrived, he scanned the earlier and final verdict side by side – every page, every line. It was on the last page when he noticed something. In the earlier draft, the verdict read –

ALL: 'There is no evidence of extremism in these schools.'

RASHID: In the final published verdict, it read -

ALL: 'There is no evidence of violent extremism in these schools.'

RASHID: By implication, there is extremism. It was just non-violent. The meaning had totally changed. Who asked the NCTL to add that word? 'Violent'? 'There's no violent extremism.' I don't know but if you were to put a gun to my head, violently or non-violently – I'd say it was Michael Gove.

BETHAN: Are you ready to head up?

RASHID: Not really.

BETHAN: Last push.

RASHID: Every morning I was escorted by security around the building. In the lift, in the corridors, in the bathrooms – I was followed.

Have you seen the headlines?

BETHAN: Ignore them.

RASHID: Because of those headlines, I'm on a Britain First hit list. My name and address have been published. I've had death threats.

BETHAN: Let's just focus on today. Can we go through it one last time?

RASHID nods. They get in the lift.

Your brother's conviction is troubling. Do you share his ideology?

RASHID: I am not my brother. What happened to him has always driven me to be honest with you – to make sure kids don't get lost between the cracks like he did.

BETHAN: Keep going.

RASHID: It's true. I see my brother in some of my students. Lost. Looking for guidance. He made me determined to lead kids down the right path. It's too late for him to be honest with you, but it isn't too late for my pupils.

BETHAN: Did you write on the Park View Brotherhood WhatsApp group?

RASHID: Yes. And the things I said were stupid and hurtful and I'm sorry.

BETHAN: And do you condemn the things that were said in that group by others?

Beat. The lift doors open.

Rashid? Remember what we discussed?

RASHID: I remember. But what if I don't condemn it?

BETHAN: We can't go over this again.

RASHID: There was an expression we used

in citizenship to teach liberalism to the kids.

BETHAN: Rashid -

RASHID: We made them learn it by heart – 'I disapprove of what you say, but I will defend to the death your right to say it.'

BETHAN: Well, we haven't got time for a citizenship lesson now. I'm going to see if they're ready for us.

RASHID:

At Park View, I once overheard a white teacher say to a pupil that her headscarf made her look like a penguin. When that teacher retired, in his leaving speech he raised a glass and said 'West is best.' That man was allowed to teach Muslim children for 40 years.

Since writing on that WhatsApp, a student came out to me as gay. I thought about telling her dad, but didn't. Those views were never, ever passed on to my pupils and it breaks my heart knowing that they will have read them.

When Trojan Horse kicked off in 2013, there was a vote in Parliament on gay marriage. 172 MPs, including the Education Secretary, voted against it. In fact, more Tories voted against that bill, than for it. Now, one year later, they'd decided to care about gay rights – when they could use it as a weapon against Muslims.

For what I wrote on that WhatsApp group, my community is allowed to judge me, my pupils are allowed to judge me. The Tory government is not allowed to judge me.

BETHAN: Rashid. It's time.

5. THE BAN

Autumn Term, 2015. TAHIR's House.

TAHIR holds his letter from the DfE.

TAHIR: I was 11 when my father moved us to Birmingham from Pakistan. Since then, I've always lived in Alum Rock. When I first arrived I could speak one word of English. 'Ford.' Dad enrolled me at the local school – Park View. First day of secondary

school is hard enough,
imagine only being able to
speak one word.

ALL: Tahir Alam -

HINA: Based on the findings of the Peter Clarke report -

FAIZAN: At the Department for Education we have reasons to believe -

RUKHSANAH: That you have engaged in conduct aimed at undermining Fundamental British Values.

TAHIR:

The second word I learned
was Paki. The white boys in
the playground taught me
that.

FARAH: Under section 128 of the Education and Skills Act -

HINA: You are hereby banned from the education system -

ALL: For life.

TAHIR:

When Park View was graded
Outstanding, I was invited
to Westminster and thanked
personally by the Prime
Minister for my services

to schools. A boy from the Commonwealth and there I was, sitting on the banks of the River Thames, being served tea in the Houses of Parliament.

These same people now turn around and say – 'We didn't know any of this was happening. An extremist governor is indoctrinating and radicalising your children.'

They hold me up one minute and push me out the next. My life's work turned to dust. Boy to man what's my label? Paki.

6. RESULTS DAY

Summer Term, 2015. FARAH's bedroom.

FARAH: The sports hall was like full of kids with their parents, but I was alone. Story of my life. I like remember, there were like tables full of envelopes. When I found mine, I couldn't open it. I just like felt sick.

I looked across the hall and saw Waseem, Hina and Faizan opening their envelopes. Then I spotted

Rukhsanah. I don’t think I’ve
ever seen her look so happy.
I had to get out. My last
day at Park View and I like
stormed straight out the gates
without looking back.

I must have like smoked
nearly a whole pack of fags
on the walk home. When I
opened the front door, Mum
was sat like waiting at the
kitchen table. She’d really
wanted to come in with me,
but she had a black eye.

She was like ‘How did you
do?’ and I was like ‘Smashed
it, all As’. And she was like
‘You’re going to go to college
and university like your
brother. You’re going to be a
success, you’re going to get
out of Alum Rock.’ And I just
like made up an excuse and
went upstairs.

I like shut the door, like took
a deep breath and opened
the envelope: English Lit
D, English Lang D, Maths
D, RE D, Duel Science DD,
Geography D, History D,
Urdu, A*.

7. THE VERDICT

Summer Term, 2016. National College for Teaching and Leadership.

JESS: Who's won?

FARAH: I can't stop reading them.

JESS: Nobody.

FARAH: I can't stop reading them.

JESS: The governors, the teachers, the pupils, everyone is left broken. And what do the right do? They get more racist and controlling. What do Muslim communities do? They become more isolated and disaffected. And what do the left do? We don't know what to do, we haven't decided which side of history we want to be on, so we just do nothing.

TAHIR: When I left Park View the exam results were 76%. Now, the results are 43%.

ELAINE: Looking back, sometimes I can't help but think – did I overreact? Was I racist?

TAHIR: Do you know who the real Trojan Horse is?

ELAINE: But then I think, no. Absolutely not.

TAHIR: The Trojan Horse is Michael Gove. He was waiting for this – for something to use as a political football. He infiltrated the Department for Education, the EFA, Ofsted and the press.

He used the fear of radicalisation to get past the school gates, to push his extreme agenda. What he did was covert, planned and organised. He came, plundered, stole and tore our communities apart. And then he rode out of Troy and we were left with nothing.

ELAINE: Trojan Horse has given me strength. Now I have the confidence to know where to draw the line. The other day, a student came up to me in the playground and said 'Miss, can we have a prayer room?' And I said 'No. this is a school not a mosque, next question.'

RASHID: People like me had a role to play in the education system. That's the irony of it to be honest with you. Someone who is a balanced Muslim, someone who loves this country, someone who feels

proud to be British, proud to be a Muslim right? Doesn't feel uncomfortable, doesn't lead a dual identity if you know what I mean.

JESS: In the wake of Lee Rigby, Manchester Arena, London Bridge, Muslims were expected to stand up and shout 'Not in my name'. Look at how Muslim communities in Alum Rock were treated by the white washed establishment.

Livelihoods ruined, reputations in tatters, generations of children systematically failed. Well now I say, not in my name. Not in my name.

RASHID: Take me out of the education system at such a sensitive time – kids can be influenced by the wrong role models. Just look at my brother.

If that's where Trojan Horse stemmed, if that's what Michael Gove was worried about, then you need people like me to educate and guide kids to follow the right path.

To take me out of education.
It just doesn't make sense to
be honest with you.

JESS: At Park View and all across
the UK, because of Trojan
Horse, schools are obligated
to teach and promote /
British Values.

FARAH: British Values are now part of
the curriculum for my little
brothers at Nansen Primary.

British values? What the hell
are they? British values are
Islamic values. They're not
something that's new to us
just because there's a label or
a policy. To suddenly name
it 'British values' as though
Britishness is something I
have to learn, something I
have to become, rather than
something I already am.

I was born in Alum Rock,
I've lived in Birmingham
all my life. What about
me is not British? Respect,
humanity, tolerance – these
are all Islamic values. Values
at the core of my faith.

But why should I continue to
have these values Continue
be tolerant? When the world
has been so intolerant of me.

RASHID: We're all wired the same way. We all want the same thing. We all want what's best for our children. And look at the lessons we're teaching them.

PANEL CHAIR: Mr Rashid Wasi, please stand.

RASHID: The panel had reached a decision, but I never got to hear it. The day my verdict was due to be read out, it was revealed that the prosecution had been sitting on evidence. For two and a half years they had thousands and thousands of pages of evidence. Evidence weighted in my favour. Evidence which they'd hidden.

My case collapsed. When I found out, it didn't feel like a victory to be honest with you. The transcripts of the trial were never published. My defence has never been heard.

That's it. I've been branded. I'm a terrorist. I'm an extremist. I am the Trojan Horse. I infiltrated schools to push my hardline Islamist agenda. I shouldn't be near your children. Don't let me

through your school gates.
Big bad Muslim man gonna
huff gonna puff and blow
your school up.

BLACKOUT

Afterword

In early 2014, the 'Birmingham Trojan Horse affair' – a supposed 'plot to Islamicise schools' – hit the headlines in the UK media. This followed the discovery and leaking to the press of a letter purporting to come from one of those involved in the alleged plot. The letter is now widely regarded as a hoax, but its consequences have been immense. It has been a major determinant of public policies associated both with education and with the government's counter-terrorism strategy, Prevent. For example, a duty on schools to promote 'Fundamental British values' was adopted in November 2014, and the affair was used the following year as the primary example of 'extremist entryism' that would be guarded against by a new Counter Extremism Strategy.

At first, 21 schools were submitted to special Ofsted inspections, with 14 schools subsequently subject to further investigation by Ian Kershaw for Birmingham City Council and by Peter Clarke (Former head of Counter Terrorism at the Metropolitan Police.) for the Department for Education covering a time-period of allegations from 1996 to 2014. The Education Funding Agency (EFA) also inspected four schools – three associated with Park View Education Trust (PVET – Park View Academy, Golden Hillock and Nansen Primary.) and one other school, Oldknow, which had close connections with it. It recommended that the funding contracts be withdrawn. One of the inspectors from the EFA visit was seconded as education adviser to the Clarke Report and drafted sections of it.

All of this took place under intense media scrutiny with allegations against parents, teachers and the governors at the schools. Claims of bullying and inappropriate behaviour – for example, of class handouts stating that under Islamic teaching wives had to consent to sex with their husbands, the recording of a jihadi video in a school media centre, and the presentation of religious views during science lessons – were widely reported without any challenge. The Clarke Report listed twenty such

'serious incidents' at PVET, while commenting laconically that, "It is only fair to point out that the Trust disputed most, if not all, of the allegations." It turned out that the 'handouts' were taken off the internet by boys and were challenged at an assembly shortly after their discovery. The 'jihadi' video was a recording of a Panorama programme made at the request of West Midlands police for a school talk on the dangers of radicalisation, while the claim of a science teacher mixing religion and science was a response to questions from pupils in class.

The Clarke Report – and the media – also cited a number of messages from a WhatsApp group called the Park View Brotherhood. It allowed that most of the 3235 messages are "Innocuous and often mundane," but claimed (wrongly.) that some fell under the definition of extremism provided under the Prevent strategy (where it is defined as the "Vocal or active opposition to fundamental British values, including democracy, the rule of law, individual liberty and mutual respect and tolerance of different faiths and beliefs … [as well as] … calls for the deaths of our armed forces, whether in this country or overseas".)

The play stages the impact of these events and allegations at one school – Park View Academy – from the Ofsted and EFA visits through to the consequences of the Clarke Report. The latter recommended that the National College for Teaching and Leadership (NCTL.) should bring professional misconduct cases against those involved in the 'plot'.

Richard Kerbaj and Sian Griffiths reported in the Times, that more than 100 'Islamist' teachers were involved and that the NCTL were already considering 30 separate cases. In the event, just 4 cases were brought involving 12 teachers at PVET and Oldknow school. The cases against the teachers at PVET – the core of the 'plot' according to the Clarke Report – began in October 2015. Significantly, the charges against the teachers were not of 'extremism', but of 'undue religious influence'.

The cases dragged on for nearly two years, but were discontinued when the case against the senior leaders at PVET collapsed in May 2017. This was a consequence of serious

impropriety by the NCTL, including, inter alia, the revelation that witness statements for the prosecution had been drawn up in the light of statements given to the Clarke Report. This was something that had been vigorously denied by lawyers for NCTL and it meant that those, and any unused statements from the Clarke Report in the possession of the NCTL legal team, should have been subject to disclosure to the defence. The credibility of the testimony from the member of the EFA inspection visit to PVET, who had gone on to serve as education adviser to the Clarke inquiry was also questioned. Her testimony is featured in the play.

Government officials and policy advisers, as well as journalists previously involved in the case, rushed to announce that the cases had collapsed on a 'technicality'. For example, the co-head of the security and extremism unit at Policy Exchange (The conservative think tank that had advised Michael Gove's schools programme.), Hannah Stuart, and its head of education, John David Blake, proposed that, "Non-disclosure of anonymous witness statements from the Clarke inquiry was described as an 'abuse of process', and that is deeply unfortunate, but this falls short of an exoneration. The decision to discontinue disciplinary proceedings was based on procedural grounds – not on a shortage of evidence."

No mention was made of the fact that allegations of extremism had not been any part of the charges against teachers. Jaimie Martin, former special adviser at the DfE, wrote that "It is important to note as [the teachers] were not tried for the charges, they were therefore not cleared of them", and that "People who downplay the seriousness of Trojan Horse, claiming those involved exhibited 'mainstream' Islamic views, are guilty not only of stunning naivety, but of a dangerous error".

The play ends with two events separated in time. Farah receives the 'verdict' on her GCSE examinations taken during the summer term of 2015, caught up in the furore over the Trojan Horse affair; nearly two years later, teacher Rashid anticipates the verdict in his misconduct case, to learn that the case had collapsed without a judgement being reached except in the media.

A parallel can be drawn with the crush disaster at Hillsborough football stadium in 1989 and the misrepresentation of the behaviour of fans and cover-up of the culpability of police. No lives were lost, but reputations were destroyed, careers ruined and livelihoods lost on the basis of peremptory action by the authorities and a cover-up of their own involvement. It represents a key moment in multicultural Britain, involving the scapegoating of Muslims and the disregard for due process and rights. Indeed, it is itself a betrayal of the very values that teachers and governors were argued to have disavowed. The play stages this injustice in the words of its participants (though some characters are composites of interview material).

A Note on the School(s):

Park View was a school with 98.9% of its pupils of Muslim heritage. It had been in special measures in 1996 and that by 2012 it was in the top 14% of all schools in England for academic achievement. This success was taken forward by its Chair of Governors, Tahir Alam and its head teacher, Lyndsey Clarke. This was despite the fact that 72.7% of its pupils were on free school meals and just 7.5% had English as a first language. It also had a higher than average percentage of pupils with special needs. These are all parameters associated with poor educational outcomes, yet Park View had transcended them.

In addition, Ofsted reports – up until the fatal report of 2014 – commended the school for how well it prepared pupils for life in modern Britain. They also praised the Islamic ethos of the school and facilities for private prayer as enabling parent and pupil integration with the school and support for its academic objectives. As a consequence of its success it became a 'converter' academy in 2012 and was asked by the Department for Education and Birmingham City Council under their school improvement plans to incorporate Nansen Primary and Golden Hillock as 'sponsored' academies in need of improvement into a multi-academy trust.

The Department for Education also asked PVET to enter into a Memorandum of Agreement with Oldknow school to help run a separate faith primary school, Al-Furqan which the DfE wanted the trust to incorporate because of PVET's Islamic ethos. The headteacher at Oldknow had experience in faith schools and it was felt that this would facilitate the development of Al-Furqan. This experience would be held against him in charges that he blurred the boundary between a faith and non-faith school. The incorporation of Al-Furqan into PVET did not go ahead because the latter felt its Islamic ethos was put forward at the expense of academic success. The role of DfE in the 'takeover' of the schools and the academics success of Park View school formed no part of the Clarke Report or the media reporting of the affair.

John Holmwood is professor of sociology at the University of Nottingham. He was an expert witness for the defence in court cases brought by the NCTL, specifically the case involving senior leaders at PVET. He is academic adviser to LUNG theatre company and author (Together with Therese O'Toole.) of Countering Extremism in British Schools? The truth about the Birmingham Trojan Horse affair, (Policy Press, 2017.). All references to sources contained in this afterword can be found in the introduction to this book which is available free online here: https://bristoluniversitypress.co.uk/asset/4402/countering-extremism-in-british-schools-introduction.pdf.